日本企業・底力

2500社を救ったNo.1 ODコンサル19の切り札

藤田 薫

GENTOSHA

はじめに――〝大人の日本人〟が世界に貢献する時代へ

私の仕事は、ＯＤ（組織開発）コンサルタント。一言で言えば、会社を、〝より元気にする〟仕事です。

ビジョンや目標に向かって、組織（会社）の持っている力をフルに発揮してもらうために、「今、何が必要か？」を、経営者やリーダーのみなさんと一緒に考え、提案・実践し、そして、結果を出すために、あらゆるサポートをする。それが私の役目です。

これまで二十数年間、イオン、東芝、ＪＡＬ、大丸、資生堂、ＪＴＢ、ＮＴＴ、ＮＴＴドコモ、ＪＲ東日本などなど、のべ２５００社以上、さまざまな企業で働く人々とお付き合いをしてきました。その中で、最近、多くの優秀なビジネスマンたちが、自信を失っているという状況に遭遇しています。

１９７０年代から80年代にかけての日本は、工業国として驚異の成長を遂げました。「ジャパン・アズ・ナンバーワン」と言われ、ＧＮＰ（国民総生産）は世界一の経済大国だったのです。

「日本は世界のリーダーという言葉は適切ではないが、世界のお手本となっていくだろう」とドラッカーが、50年以上前（1960年初頭）に看破した通り、日本は高い技術力と、チームワークや勤勉さで、20世紀後半に大発展を遂げたのでした。

その時代、先進国も、発展途上国も、世界中が日本に目を見張り、日本のビジネススタイルを見習おうと必死に研究していたのです。ジャパナイゼーション（日本化）とは、少しの嫉妬と、憧れと、尊敬の意味で使われていました。日本人たちは、ひたすら前を向いて走って来たのです。

ときが経ち、時代が変わり、ドラッカーも亡くなり（2005年）、21世紀も10年少し経った今、ジャパナイゼーションの意味も変わったようです。

ヨーロッパの金融不安が広がる中で、再度言われているジャパナイゼーションとは、

「政治・経済が機能不全を起こしている状態」
「長びく不況から、20年経っても抜け出せないこと」
「内向きで、成長を拒否した引きこもり」
「高齢化が進み、世界一平均年齢が高い、老化した社会」

つまり、日本化しないように気をつけよう！　というわけです。

諸外国の反面教師になってしまった日本。どう見ても、調子が悪い。悔しい気持ちの一方で、何か、妙に納得しそうで困ります。なるほど、そうだな……と、思ってしまいそうなのです。

とは言え、このままではイケマセン。

もう一度、自信を持って、世界で輝きを取り戻したい！　そう思わないビジネスマンはいないでしょう。

しかし、世界は工業社会から脱工業社会・グローバル社会へと変わってきたのです。工業国日本がリードした20世紀後半のように、ビジネスは、日本を中心に動いていないし、これからも世界の主役になることはないでしょう。もう一度世界でナンバーワンになる？　そんな錯覚を持ってはいけないのです。

先輩の英国、フランス、ドイツのように経済的に一番でなくても、世界に貢献出来る〝思慮深いお兄さん役〟として、〝大人の日本人〟が世界に貢献する時代が来ているのです。

世界で〝日本人だからこそ出来る役割〟を担って、輝きたいものです。

そのためには、新しい時代を理解し、今までの癖や習慣を見直し、改めるべきは改め、これからの時代をしっかり生きる方法を習得することです。

今、〝グローバル日本人〟が求められています。

グローバル日本人とは、日本人としてしっかりした自覚と誇りを持ち、同時にグローバルセンスも磨いている人のこと。

これは、新時代の変化にしっかり対応している新しいスタイルです。

そして今、日本企業に働く人々の中に生きたお手本がたくさんいて、実際にその人たちはグローバルシーンで大活躍しています。彼らは輝き、存在感を発揮し、ビジネスでも成功し、そして、諸外国のビジネスマンたちからも頼りにされています。

これからお伝えしたいのは、そういった、今世界で成功している日本企業と、そこで働く人々の話です。グローバルに輝くビジネスマンたちに見られる、共通の思考法と行動パターンを取り上げ、彼らの「なぜ?」と、「どうやって?」を紹介していきます。

もう一度、世界のビジネスシーンで日本人が輝きを放ち、存在感を発揮していくために、この本が一助となれば嬉しい限りです。

日本企業・底力
2500社を救った
No.1 ODコンサル
19の切り札

目次

第1章　グローバル社会で求められる人材とは

第4章……出来る人が実践する仕事術

第1章

グローバル社会で求められる人材とは

!!『インターナショナル』は前時代の言葉

何度も言いましょう。時代は変わった。工業社会は終わり、情報社会、サービス社会へ。言葉はわかるけれど、社会の仕組みがなかなかそこに対応出来ていないのが今の日本です。政治や経済の在り方、やり方に大きな問題があるわけですが、それは今回の主旨ではないので、また別の機会に。

私たちは、20世紀後半の目覚ましい発展・成功体験があるだけに、時代が変わった中で戸惑っているようです。

しつこいようですが、テクノロジーが時代を変えました。20世紀との大きな違いは、グローバルな時代になったということです。ところが、『グローバル』という言葉は氾濫しているものの、その本質はあまり理解されていません。

グローバルと、海外進出または国際化（＝インターナショナル）とは大きく意味合いが違います。

20世紀は国際化の時代。インターナショナルという響きは、多くの日本人をワクワクさせ、海外進出に駆りたてました。

〝世界を股に掛ける国際商社マン〟に憧れた団塊の世代の若者たちは、地球の果てまで駆け巡り、ロケットからインスタントラーメンまで、ありとあらゆる日本製品を売りさばくことを夢見たものです。

アフリカの奥地にも、アラブの油田地帯にも、地球の正反対側・南米の耳慣れない国の小さな鉱山にも、日本人商社マンが必ず駐在し、気楽に遊びに行った私たちをアテンドしてくれ、歓待してくれました。

ときが流れ、21世紀の今、『インターナショナル』は、『グローバル』という言葉に、入れ替わっています。

インターナショナルとは、軸足が日本であり、母国を基地として日本対外国のビジネスを行う……という意味であるならば、グローバルは、まさに『グローブ＝地球』規模のビジネスと言えるでしょう。

グローバル化とは、海外に出ることではなく、地球に境目がなくなってきた時代に、国境に邪魔されずに、壮大に人・モノ・金が動くことです。

海外進出も、国際化も、国境という境目がはっきりとあった、前の時代のお話です。

当然、海外に出るだけでなく、海外からもジャンジャン入ってきます。

今、活動している会社で、グローバルと無関係という会社は、ひとつもありません。自社や自部門は海外進出をしていない。だからといって「うちはグローバルと無縁ですよ」とは言えない時代です。

「お客様が中国に工場を造った。ベトナムにも工場進出するそうだ。うちからも人を出せって。部品は現地工場のそばで作ってほしいそうだ」

「同業は、ホームページから、海外から大口の引き合いが入ったとのこと。今、社内は、てんてこ舞いだってさ」

「駅前に外資の競合が進出してきた」

「競合が、時給の安い、外国人アルバイトを雇ってコスト削減をしているようだぞ」

「ライバル企業が、新しい技術を持つ海外企業と戦略的提携をした」

こんな話が日常的に溢《あふ》れ返っています。

ICT（コンピュータによる通信技術）の進化により、地球がリアルタイム化し、国境に意味がなくなってしまいました。情報テクノロジーが世の中を変えてしまったのです。

!! グローバル引きこもり現象

では、そんな現代で、80年代から90年代前半のバブル期前後、親の海外駐在に同行した、いわゆる帰国子女たちや、MBA留学など海外体験のある人が、実際に影響力を発揮し、活躍しているか？　と言えば、実はそうではないことが圧倒的に多いのです。

自分は国際派として相当イケてるつもり。それなのに、思うように結果が出せず、会社では評価されず、活躍出来ないもどかしさから、ストレスのドツボにはまっていくケースの、何と多いことか！

人は、英語などの語学学習をすれば、あるいは留学・海外駐在などを経験すればグローバルに影響力を発揮出来る人間になれるのでしょうか？

そして、なにより今、肝腎の若者たち自身は本当にグローバルに羽ばたきたい……と思っているのでしょうか？

アメリカのハーバードやエール、マサチューセッツ工科大、ウォートン、スタンフォードといった有名ビジネススクールでは、２０００年前後の隆盛はどこへ行ったのやら、日本人留学生の姿がさっぱり見られなくなってきているようです。また海外旅行は相変わらずの人気ですが、海外駐在希望者となると、ほとんど手が挙がらないと聞きます。

昨今の若者たちは、気心の知れた、穏やかな身内の輪の中で、静かに静かに、引きこもってしまっているかのようです。

専門性を持っているわけでもない、一芸に秀でているわけでもない（と自分で思っている）多くの若者たちは、学校卒業後、どこかの会社に入ります。つまり、大多数の日本人にとって、社会に出ることとは、企業人、ビジネスマンとなることです。最近、この若い社会人たち、若いビジネスマンたちが、グローバル引きこもり現象を起こしているようで、とても気になっています。

なんとなく、だるく、ゆるい空気に覆われてしまっている日本です。

「日本人・ビー・アンビシャス！」

これは、電車の広告などでよく見かける「就職サイト　エン・ジャパン」のキャッチコピーです。若者たちは、このキャッチコピーに、少し心がざわつくようですね。

今のままでいいとは思わないけれど、でも、なかなか次のアクションにつながらない、といったところでしょうか。

!! 成功者に必要なものとは

例外は野球やサッカーなどプロスポーツ選手でしょう。

野茂からイチロー、松井など、USAメジャーリーグベースボールの世界では多くの日本人が活躍し、最近では高校卒業と同時に、メジャー入りを考える時代になりました。

サッカーでも、70年代後半にブンデスリーガに入った奥寺や80年初頭にブラジルに渡ったカズ、90年代にセリエAに移籍した中田英寿の時代を経て、今や、ヨーロッパ各国の1部リーグでは本田、長友、香川をはじめ数多くの日本人選手の名前を見かけます。

成功者が出れば、あとにどんどん続くことが出来る。

学者や研究者たちの世界でも、似たような状況が見られます。ノーベル賞クラスの科学者、研究者たちは、例外なく海外での研究生活が自分を変えたと話してくれます。

こういった世界で輝く先駆者たちには、共通項として、華やかな面の一方で「しっかりとした新しいものの見方、考え方」があることを感じます。それは、決して〝語学が出来る〟といったことではないのです。

‼ 言葉は、とにかく通じればいい

中東の産油国カタールの首都ドーハから成田行きのフライトの中での話です。乗り合わせたカタール航空は、今、シンガポール航空を抜いて、サービス世界一と評判の航空会社。ビジネスクラスには、ゆったりしたアラブ式の白いローブを身にまとったオイルマネーいっぱい（？）の、要人風アラブ人が何人かくつろいでいました。

そこに、乗り合わせた日本人の若いビジネスマンが話しかけています。

「東京は初めてですか？　あちらはカタールよりずいぶん寒いですよ」

「日本の景気は、ずいぶん良くなりました」

「私は商社マンで、休暇で東京に帰ります」

「日本のどこに興味がありますか？」

「ドーハは、とてもいいところで私は大好きです」などなど。

少し驚いたのは、彼のブロークンな英語と、日本風の発音でした。以前の私なら、恥ずかしくなるくらい……。

でも、カタールの要人風の人たちは、結構乗ってきます。笑い声も混じった会話の中で、若者は、自己紹介とともに名刺を差し出し、さらにブロークンな会話を続けています。そのうち、すっかり打ち解けた彼らは、「東京でも会いましょう」などと、携帯やメルアドを交換している模様。

カタールは、最近注目のエネルギー資源の宝庫です。世界中のビジネスマンが、喉から手が出るほど関係づくりをしたいはず。

「やるじゃない！」

私も、商社マンは英語を自由に操れてこそ一人前……との思い込みをすっかり捨てて、これからのグローバルビジネスマンは、こうありたいと思ったのでした。

日本人は英語が苦手と言われますが、多くの場合、英語が使えないのではなく、「ネイティブ並みの発音で、流暢にしゃべることに、気後れしている」だけなのです。

なまじ英文法や構文などを詰め込んできただけに、頭と手足がバラバラ。でも、ギリシャ語ならとにかく、学生時代に何年も付き合った英語です。

英語はとにかく通じればいい。記憶を総動員して、まずは、臆せず勇気を持って話すこと。

慣れてくると、相手の言葉がよく聞こえるようになり、いろいろな言い回しを真似する余裕も出てきます。「英語を使いこなす！」などと力まず、コミュニケーションの一手段と割り切ればいいのです。

また、これから、ビジネスで英語を使う相手のほとんどは、英語が母国語のアメリカ人や英国人より、中国、アセアン諸国や、アラブ圏、南米の人たちになってくるでしょう。

つまり、どの国も、ユニークなお国訛《なま》りの『現地英語』で、堂々と話す人ばかり。我々の思う、少し巻き舌のネイティブの発音は、不要なのです。

三人称・単数・現在形にはSを付けるとか、「過去分詞ってなんだっけ？」などの文法も、いったん全部忘れて、とにかく、目の前の人たちとコミュニケーションをすることから始めましょう。

もしあなたが「英語が出来ないから、グローバルに活躍出来ない」と思っているなら、それは大きな間違い。英語のスペシャリストになるつもりならいざ知らず、単語も読解力も、中学英語程度で十分です。

それよりも何よりも。外国語習得に膨大な時間とお金をかけるより、もっと必要なこと。それは、「国際人になるな！」ということです。

これからの私たちが目指すのは、グローバル日本人です。

国際人を目指す人々が共通して陥りがちな〝罠《わな》〟は、知らず知らずのうちに、欧米的なものの見方に迎合してしまうこと、あるいは、その危険性があること。

英語（あるいはフランス語かドイツ語。最近では中国語）はサスガに流暢《りゅうちょう》ながら、日本語がどこかおかしい。一見国際的な、国籍不明の人たち。

日本臭さを否定し、きっぱりと国際化しているように見えながら、自分のアイデンティティをも失いつつあるコスモポリタンとでも言うのでしょうか。

一時の私がそうでした。英語にあまり不自由しなくなってくると、日本語がおかしくなる。海外生活が長くなるにつれて、自分が何人《なにじん》かわからなくなりそうだったことを思い出します。

では、20世紀後半に「ジャパン・アズ・ナンバーワン」と言われた日本と日本人が、この21世紀に、再び世界のビジネスシーンで輝きを取り戻すには、どうすればいいのでしょうか。

‼ 新しいスタイルの日本人とは

仕事柄、この二十数年、企業のトップから現場まで、業種も職種もさまざまな人々と、「切った！　張った！」の、いろいろなビジネスの修羅場をご一緒してきました。その中で、グローバルに活躍し、輝いている人には、そうでない人々との間に明らかに異なる特徴があることに気づきました。

今輝いているビジネスマンたちには、共通した特徴があります。

それは、新しいスタイルの日本人たちです。彼らは、欧米人とも、中国人とも、韓国人とも違う、伝統的な日本人の持つ独自の素晴らしさを発揮しています。日本人が普通に持っている良さを十分に発揮しつつ、かつ、グローバルスタンダードを満たしている人たちなのです。

たとえば、良き日本人の常として、謙虚だけれど自負心は強い。声高に主張するわけではないが、ここぞというときは、粘り強く周りを巻き込んで結果を出す。責任感が強く、自分の役割にしっかりした自覚を持っている。

また、グローバルスタンダードという観点では、何でも受け入れる度量を持ちつつも非常に潔癖であるとか、自分の足もとをしっかり見ながら、同時に遥か遠くをも見ている等々、私の言う〝新しい日本人〟は、こうしたいくつかの共通点を持っているのです。

いわば日本人としての強烈な自己と、グローバルセンスの両方を持っているということ。これらは、新時代の変化にしっかり対応している新しいスタイルです。

〝最高品質〟は、もはや当たり前

新しいテクノロジーは時代を変えました。人類にグローバルビジネスという新しい土俵をもたらしたのです。日本の得意技だった〝最高品質〟は、すでに当たり前。品質は競争の〝入場券〟にしかすぎないと言われます。

その土俵、そのレベルでのビジネスは、テクノロジーが新しい競争を生み出しました。以下の7つが競争の基準として登場し、これを同時に満たす必要が出てきているのです。

7つの競争基準

①〝最高品質〟の製品・サービス
②多彩な選択肢の中から選べる楽しさがある
③一人ひとりの仕様に、きめ細かに合わせている
④競合のどこよりも早い納品や、クレームへの素早い対応などの〝俊敏《アジリティ》〟さ
⑤常に時代をリードする最先端技術をタイミング良く開発
⑥高い倫理観を持って〝地球環境の維持〟に貢献している
⑦以上を、可能な限りの〝低コスト〟で、提供出来る

この7つの基準は、いずれも大変な難題です。しかも、これらを同時に満たすのは、至難の業《わざ》。

それぞれの基準は、今の時代を生き抜くには当然のようなものばかりですが、最高のサービスを最低のコストで提供するのは、それは大変なことです。チームの人数は半減、仕事量は倍、目標数字は3倍に……なんてことばかり。今までの〝常識〟が通用しなくなるのです。あちこちから「無理‼」という声が聞こえてきます。

きめ細かに丁寧に、かつ最速で、将来を見据えながら、今日も明日も素晴らしい製品サービスを生み出し続ける……には、組織体制そのものの見直しが必要ですし、そこで働く人々の〝意識改革〟が、もっと必要です。

先に挙げた7つの基準を同時にクリアすることは、ホントに大変ですね。でも、大変だからこそ、出来るか出来ないかの大きな差が生まれます。勝者と敗者がはっきり分かれるのです。

そして、日本が低迷から抜け出すためには、〝今〟これをするしかない。無理難題をやるしかない。逆に、難題は、日本にとって立ち直るチャンスとも言えます。

そのためには、今までの常識を捨て、生活習慣を見直し、新たな思考、新たな習慣を身に付けていくことが必要なのだと、まず申し上げておきましょう。

第2章

ビジネスをまとめるプロデューサーになる

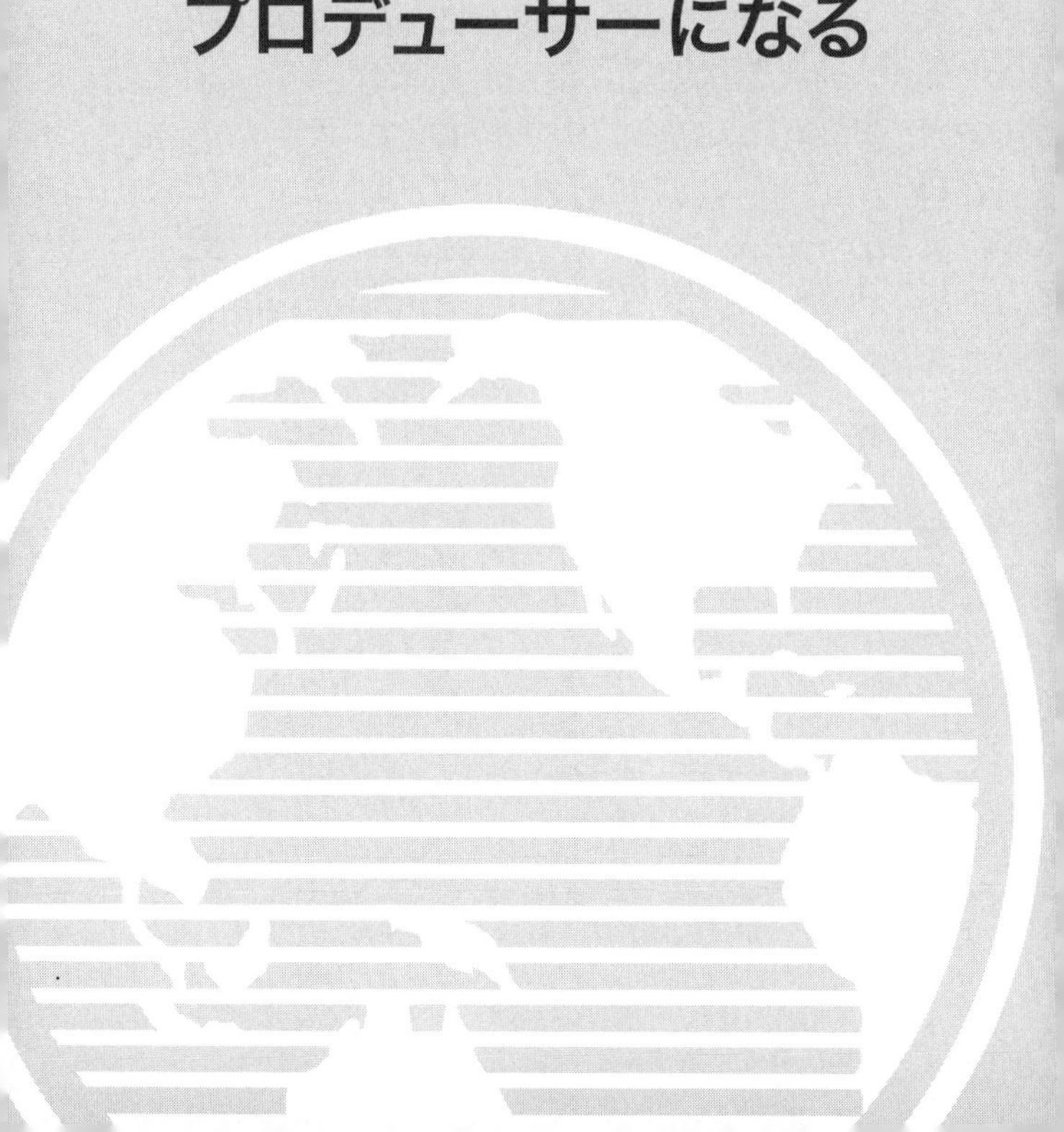

日本人のDNAがグローバルチームに貢献する

「自分が何人かわからなくなりそう。大げさに言えば、存続《アイデンティティ》の危機！」
「アメリカ人にもなれず、日本人の中でも浮いてしまう……」
そんな私が自分を取り戻せたのは、日本人としての自分が、自然に発露されたときでした。

ビジネススクール時代、膨大な英語の資料に打ちのめされながら、毎日格闘していた日々のことです。吐くほど予習したのは、人生でも、そうたびたびはありません。仕事を辞め、家事も放棄してここまで来ているのだからと、背水の陣の覚悟で、何かをつかみ取ろうと必死だったのでしょう。

熾《し》烈《れつ》な英語のディスカッションに置いていかれないよう、とにかく自分の意見を言おう。発言出来なければ、そこにいる意味がない……と思い、とにかくしゃべりまくるクラスメイトたちの間に割り込んで、自己アピール。いつもクラスを仕切りまくるUSA代表Aくんに負けないように、いや、勝てるように、もっとインパクトを与えるにはどうするか、自分なりに作戦を立てて臨んだ毎日でした。

ある日、声高に自己主張ばかりするメンバーたちにふと、違和感を覚えました。

——いつも同じ人ばっかりしゃべっている。しゃべるばっかりで、人の話を全然聞いてないいな。私もかなりヤカマシイかも。これは美しくないし、恥ずかしいな。

ずっと黙っているBくんは、居心地が良くないんだろうな。このチームはあまり雰囲気良くないな……これじゃチームの意味がないかも？

今、このチームを変えられなければ、実際のマネジメントの勉強にならない——？

それからは、自分の感じたことを率直に周りに伝えるようにしました。

「ちょっと待って。もっと彼の話を聞こうよ」

「今、あなたの言ったことは、こういう意味でいいのかしら？」

「今の彼の意見は、さっきのあなたの意見とここが違う。その点についてどう思う？」

「それはすごい着眼点だ！　もっと聞きたいな」

「そんな断定的な言い方をしたら、誰も何も言いたくなくなるよ」

「ちょっと待って。そろそろ、チームとして、我々の意見をまとめていかない？」

「今まで出たのはAとBとCだよね。あなたはチームとしてどういう結論がベストだと思う?」

最初は話の腰を折られてムッとしていたメンバーもいましたが、少しずつチームの雰囲気が変わり始めたのです。

ディベイトが得意な人たちばかりではなく、口下手の人も、英語にハンディがある人も、口が重い慎重居士も、いろいろなタイプの人がいて、それぞれなかなか面白い意見を持っている。この人たちの意見を聞かない手はない。うん、全員で話し合えれば、このチームも捨てたものではない。

やがてみんながお互いを意識し始め、温かい雰囲気が出始めました。徐々にみんなが〝チーム〟を意識し始め、チームの成果にこだわり出したのです。

そして、お互いに大好きになりました。

いろいろな人種、さまざまな経歴、20代から40代までのホントに多種多様なチームでしたが、教授も驚きの、圧巻の結束力を発揮して終わったのです。

最後にみんなが、

「Kay(私のことです)のお蔭《かげ》でよいチームになったよ」

「日本人のチームワークの秘密がわかったような気がする」

「サポートしてもらって勇気づけられた。すごく勉強になったよ」

と言ってくれたときは、泣けました。

勉強したはずの多くの〝知識〞は、ほとんど無力だったのに、ただ自然にチームワークを大事に思い、チームの成果を上げようとの思いから、自然に振る舞ったら、チームが変わりました。

これこそ、日本人が日本人らしさを出して成果を得られたということだったと思います。

きっと私の中で、日本人の『チームワークDNA』が無意識に働いていたのでしょう。それを活かすことで、多様性溢れるグローバルチームに貢献出来ると知ったことが、戦略や財務の知識より、遥かに大きな収穫だったと感じました。

さらに、〝仕切り〞、つまりリーダーシップは、それまでの勝ち負けや押しつけではなく、みんなに支持されながら自然に発揮されるものなんだとわかったことは大きな自信となり、今の仕事にもつながる貴重な経験でした。

それまでの私は、きっと、「自分が仕切らなければ」「個性的な、強いリーダーシップで仕切るのが世界標準」という意識が強すぎたのだと思います。

プロデューサーという役割

人、あるいはチームをマネジメントする上で、私たち日本人のお家芸は何でしょうか。いくつか思いつくままに挙げてみましょう。

・傑出した一人のスーパーリーダーの存在よりも、平凡な一人ひとりが力を合わせることに意味を見出すこと
・適材適所を徹底的に見極め、長期的に育成し、落ちこぼれを作らないこと
・人の話に熱心に耳を傾け、人の話に素直に感心すること
・謙虚であるが自己卑下ではないこと
・自分より優れた他人の力を、上手く活用すること
・役割が明確になれば、献身的に尽くせること
・規律正しく、礼儀正しいこと

これらは、日本人を楽観的に見すぎているかもしれません。当てはまらない人もモチロンいるでしょう。でも、全くの的外れではないということは、多くのみなさんに賛成していただけると思います。

日本人は、東日本大震災のときに世界の賞賛を集めたように、我慢強く、粘り強く、規律正しい。そして、人間を大事にし、温かく、チーム志向です。

ただ、今のところそれは『日本人単一チーム』限定といった傾向が強いのも事実なのです。

たとえば、日本独特の意思決定方法、いわゆる〝根回し〟は、欧米人にとっては驚異的でしょうけれど、今やグローバルにも評価されているものなのです。が、残念ながら「内輪の日本人の中だけに限って行うことが多い」という点は、外国人から、よく指摘されること。

ですから、これからの時代には、多様な人々で構成されている多文化の『グローバルチーム』でも「和を以て貴し」をどのように実現するかが、より大きな課題となります。そして、この課題がクリアされたとき、多文化チームでは、きっと「和は、もっとすごし」になることでしょう。

日本人だから出来る役割。それを一言で言えば、プロデューサー的能力ということになるのではないでしょうか。

自分は決して主役ではないかもしれない。でも舞台の袖にいて、異なる人々、優れた人々に、それぞれの役割を割り振って舞台で踊らせることが出来る。そういった〝場〟を作ることにかけては、日本人特有の美質、世界に誇れるものがあると思います。

実は、これこそが、グローバルで活躍する日本人、つまり〝グローバル日本人〟の役割と言えそうです。

〝謙虚さ・組織力・繊細さ〟を忘れない

英国ロイヤルバレエ団でプリンシパルを務めた吉田都さんは、高い技術とともに日本人バレリーナの〝美質〟が世界から絶賛され、高い評価を受けました。彼女の踊りには、「能」のような高度な精神性を感じる、それでいて静かな明るさがある……と言われます。

一方、吉田さん自身は「欧米人に比べて、頭が大きく手足も短い、綺麗じゃない。そういう自分に自信がないから、徹底的に練習した」とコメント。彼女の「自信がない……」は、いかにも日本人らしい謙虚さや恥じらいの表現です。

2011年夏。苦難に襲われた日本列島に大きな感動が走ったのは「なでしこジャパン」のサッカーワールドカップ優勝！　のニュースでした。

身体が小さい「なでしこ」の強さの理由は、〝一致団結〟の強い組織力。一人ひとりの身体能力のハンディを克服してあまりある、パスサッカーに徹した日本式の強さだったのです。

ワールドカップ決勝のアメリカ戦で見せた、最後まであきらめない粘り強さも、身体の大きさやスピードなど恵まれない条件をものともしない、絶妙の間の取り方という強みも、世界一に輝いた要素のひとつです。

そして、本当に強くなった「なでしこ」たちは、本音ミーティングを何度も繰り返し、数多《あまた》の葛藤を乗りこえ、一人ひとりを活かし切り、一致団結で臨んだロンドンオリンピックでも見事銀メダルに輝き、新たな感動を呼びました。

!!「日本人は素晴《クー》らしい《ル》」

欧米人、中国人（本土と中華民国）、韓国人、インド人たちとのグローバル会議に出ると、日本人は本当に影が薄いことがわかります。

あるとき、アメリカ人の友人に、「日本人はこのままずっとグローバル引きこもりかな……」と言うと、「それは違うよ。日本人はとてもカッコいい《クール》と思う」と思いがけない言葉が返ってきました。

彼によれば、日本人の一見、自信なさそうで控えめな態度は、「humble（慎ましい）」であり「sophisticate（知的に洗練されている）」だそうです。人の話を一心に聞く態度には、洗練されたインテリジェンスとともに、自信も感じさせられる、と言うのです。

ボストン生まれの典型的WASP（ホワイト・アングロサクソン・プロテスタントの略。アメリカではエスタブリッシュメントの条件とされている）で、アイビーリーグ出身の彼は、数多くの日本企業もクライアントに持つやり手の弁護士です。

彼曰《いわ》く、欧米的な立派な鼻や青い目、長身腰高で長い脚、いつも構えながら、人の隙《すき》を見つけては攻撃をしかけ、何かにつけ権利を主張する態度には、ときどき「実に嫌気がさす」とのこと。

韓国人とも中国人とも違う、控えめで恥じらいの態度を見せるインテリジェントな日本人が好きだそうです。さらに、これからのビジネスマンは、こうあるべきだとも言うのです。私は少し驚き、そして大いに考えさせられました。

私たちがコンプレックスにしていた典型的な日本人の特徴は、これほど高く評価されるものなのか？　ひょっとして日本人は世界に誇れる美質を持っているのかも？

彼にそう言わせた日本人ビジネスマンたちに心の中で大いにエールを送りつつ、あまり根拠のない外国人コンプレックスは捨てて、日本人にしかない強みを活かして世界へと羽ばたいていけるのではないか、と感じたのでした。

パワフルなリーダーはもう古い

2001年に、世界的なベストセラーとなった『ビジョナリーカンパニー②　飛躍の法則』（日経BP社）の中で、著者ジム・コリンズ博士は、どうすれば『大企業《ビッグ》』から『偉大《グレート》な企業』に飛躍出来るかを明かしています。

コリンズ博士によれば、大企業を偉大な企業（単に大きく優良なだけではなく、永続的に優良さを維持している企業）に飛躍させる大きな鍵は、経営者のスタイルにあり、そういった経営者たちは共通して「第5レベルの水準を満たしている」といいます。

第1レベル　有能な個人……能力や勤勉さで生産的な仕事をする
第2レベル　組織に貢献する個人……他の人と協働して組織に貢献できる
第3レベル　有能な管理者……人をまとめ目標を効果的に達成する
第4レベル　有能な経営者……明確でわかりやすいビジョンを示し、組織のエネルギーを引き出し、より高い業績を達成する
第5レベル　偉大な企業の経営者

第4レベルまでのリーダーシップは、これまでも大企業の経営者に多く見受けられたもの。それが、最新の『偉大な企業の経営者』のスタイルとなると、第4レベルと

は違ういくつかの共通項が見られると言います。それが、第5レベルという意味です。

では、ジム・コリンズがリサーチした、『偉大な企業の経営者』たちに共通する第5レベルのリーダーシップとはどんなものか、具体的に見てみましょう。

○驚くほど謙虚である
○不屈の精神を持っている、なすべきことを実行する
○周りとのつながりを大事にする
○秩序・規律を保つ
○職人のように勤勉で真面目である
○妥協しない真摯《しんし》な態度
○物静か、穏やか
○目立たない、控えめで飾らない、質素である
○根気強く、愚直である

これらは、どちらかといえば、今までの強いリーダーのイメージとはちょっと違い

ますね。

会社をV字回復させ、目覚ましい業績を上げることは、有能な経営者の証しです。素晴らしいことですが、その経営者が引退すると、元の木阿弥《もくあみ》に戻りがちなのも、よく見かけることです。

永続的に優良であることは、すべての企業の最終的なゴールです。そんな企業を率いるリーダーたちの美質は、「謙虚で、職人のように勤勉、真面目、愚直に粘り強く、妥協せず真摯で、物静か、控えめ」であることが判明し、世界中の読者を驚かせました。強いリーダーと言えば、第4レベルで示されているパワフルで『有能な経営者』のイメージが常識だったのですから。

第5レベルの最高のリーダーの資質を改めて確認すると、それらはまるで、良き日本人のことを指しているようではありませんか。日本人の国民性として伝統的に培ってきた美質そのもの。ならば、日本人なら自然に出来ることではないかと思われます。

私たち日本人は、「リーダーはパワフルで周囲を圧倒しなければならない」といった今までの幻想から離れ、無用なコンプレックスを捨てて、もっともっと自分たちの本来の美質に自信を持っていいと思います。

第3章

プロデュース力の鍵はバランス

米・中・韓・印を一人でまとめた日本人マネジャー

ある外資系IT企業が、世界中のアカウントマネジャー（営業責任者）をシンガポールに集め、営業会議&問題解決ミーティングを実施したときの話です。ヨーロッパからはオランダ、英国、フランス、デンマークなど、USAはニューヨーク、シカゴ、アトランタ、LAなどから、ロシア、中国、インドに加えて、ASEAN諸国に中華民国、韓国、そして日本からも、十名余のマネジャーが参加。まさに国際会議が始まりました。

CEOの激励メッセージの後、国別エリア別にシャッフルされ、グループワーク。

2日間の長丁場です。

メンバーは多彩です。

アメリカ人がすぐに討議のリーダーシップを取り始めます。

独自のものの見方と上質のユーモア、皮肉で人を惹きつけるオトナの英国人。

鎖国時代の日本もこの国とだけは付き合ってきた、いわばグローバル慣れしているオランダ人。

温和な中にも、底知れない不気味さを感じさせる中国人。

声高にパワフルに自己主張する韓国人。

しつこさでは群を抜くインド人。

戦略に強いシンガポール人。

それぞれ存在感をアピールしている中で、日本人はどうも影が薄い。シャイなのか、おとなしい印象で、なかなか溶け込めていないようです。「頑張れ！」「負けるな！」と、心の中でもどかしい思いでした。

ところが、後半、討議が膠着《こうちゃく》状態になり、あちこちでチームが分裂。バラバラになりかけたときに、興味深い変化が見えました。それまであまり目立たなかった日本人S氏が、雰囲気を変えたのです。物静かな彼が、立ち上がりました。

散らかった意見を整理し、共通項を見つけ、みんなが納得できる結論を出そうと、他のメンバーに丁寧に働きかけたのです。休憩時間に個別にフォローしている姿も見かけました。笑みを絶やさず、感情に巻き込まれず、粘り強く話を聞き、自分の意見も主張して、みんなが納得いく結果を出そうと、全員を巻き込んでいきました。

興味を引いたのは、その日本人S氏の見事な異文化対応です。

アメリカ人たちと話しているときの彼は、ボディアクションが普段より大きく、極めてはっきりとしたものの言い方をしているのです。アイコンタクトをしっかり取って力強く聞き、身振り手振りを挟んで明快に話します。そして、彼の意見と他の意見との相違を明確にしていきます。その様子はアメリカ人そのもののようです。

中国人への対応では、上海、北京の2か所から参加していたマネジャー2人のそれぞれに対して、微妙に対応を変えていたことに驚かされました。今の中国のビジネスの中心は上海。その上海から来たマネジャーは、中国人の中では、際立ってビジネスセンスを持ち、合理的かつ客観的な意見を述べています。

対照的に北京のマネジャーは、何よりもメンツを大事にし、自分のポジショニングを気にしているようです。何となく底知れない不気味さも感じさせます。Sさんは、それぞれのツボを心得ているかのように対応しているのです。

韓国人とは、相手の話に丁寧に対応し、相手を尊重しているという眼差しで、敬意の念を表しながら、じっくり話を聞いています。韓国人も体面とかメンツを大事にし、それにこだわる傾向がある、とても誇り高い民族です。プライドを傷つけないように、相手の心に寄り添いつつ、根気強く何度も理解確認したり、質問したり、相手の真意を聞こうとする彼の態度は、当初、一方的に主張するばかりだった、少々アグレッシブすぎて周りを辟易《へきえき》させていた韓国人たちの心を溶かしたようです。講師の私のところにも、Sさんは信頼出来ると言ってきたのには驚きました。

インド人マネジャーは、とにかくよくしゃべる。彼に対しては、言いたいことの要点をまとめさせ、その矛盾を何度も指摘、確認し、納得させていました。インド人の頑固さは半端ではないものがあるのですが、粘り強いSさんの説得は効いたようです。

このように、Sさんは、異文化対応マニュアルを参考にしているわけでもなさそうなのに、一流の外交官のような見事な異文化コミュニケーションを展開していました。

これをミラーリング（鏡のように相手の表情や態度を真似る）が上手い、ペーシング（相手の話し方のペースに合わせる）が出来ていると言えば、上手な聞き手の特徴、言動として説明出来ますが、彼からは単にテクニックではない〝心〟を感じました。

同席していた英国人メンバーも、Sさんにはジェントルマンシップを感じたとのこと。

Sさんの言動を一言で言えば、〝謙虚さ〟でしょうか。頭をやわらかくして、「自分は洗脳されたい」くらいの気持ちで、相手の話に耳を傾け、ともに考えようとする姿勢を感じました。

そして、謙虚であることと、堂々としていることは両立します。ここが大事なところです。つまり、「あなたの意見の方が正しいかもしれないので耳を傾けますよ」という姿勢を持ちつつ「しかし、私は、あなたの意見に反するこういう事実を知っているのですが、それについてはどう思いますか？」という意見をしっかりと述べる。

Sさんの活躍で、和やかな雰囲気に変わったそのグループは、プレゼンテーションも上手くいき、営業統轄役員からの評価も高く、みんなの満足度もとっても高かったようでした。

「英語の討議は、我々日本人には不利だねぇ」とこぼす日本人も多かったのですが、Sさんの英語は決して流暢ではありません。どちらかと言えば、ブロークンですし、発音も日本式でした。でも、その謙虚で堂々とした態度でグローバルメンバーを魅了し、結果的に貢献出来たのでした。

!!ビジネスマンは〝人間通〟であれ

たとえば、唐突ですが、高度1万メートルのアンテナを持っているかどうか、自分に問いかけてみましょう。

1万メートルのアンテナとは、『時代全体を俯瞰《ふかん》する目を持つ』というイメージでしょうか。大空を翔《かけ》るジェット機から眺めるように、大局的に、広く世界の動きに目をやるということです。

たとえば30年先の社会全体の流れを大きくとらえ、近い将来の業界の方向が見えたら、会社を取り巻く〝世の中の変化〟もおのずととらえられるようになります。

21世紀は東洋と西洋が、壮大に交流する場になるであろうと予言したのは、歴史学者アーノルド・トインビーです。

昨今、情報技術の発達によって、どんどん時代は変わり、先行きが読めない変化の激しい時代となってきています。理屈で割り切れる時代ではない、非常に人間くさい知識社会・サービス社会となってきました。

そして、21世紀になってから、ビジネスは、人間を理解しなければ、人間通でなければ、どうにもならない時代になってきたと言われます。

人間とは、悲観的な見方をすると、たとえば、移り気で自信がなく、いつも人からの評価を気にし、前言を翻《ひるがえ》すことをなんとも思わず、決めるときに決められず、失敗の言い訳を言いつのり、それをいつまでも引きずる……といった、なんとも情けない面も持ち併せています。これは嫌になるほど人間臭い一面とも言えます。

そして、これは今の時代の市場の動きそのまま。移り気で人からの評価を気にしてクルクル変わるのが、情報社会の市場であり、そこでのビジネスです。とても人間臭くて、人間を理解していないと、戦えません。

グローバルな時代と言われる現在、多国家、多文化、多市場を相手にするのは、当たり前。いろいろな利害が衝突することが当たり前。取引先も、仕入れ先も、代理店も、流通先も、上司や部下も、お客さんも、みな、考えや行動パターンが違います。

そこでは、今までのあらゆる科学的な常識はくつがえります。

こんな時代、ビジネスマンとしては、「人間通にならなくては、一人前と言えない！」と、あえて言い切っておきましょう。

‼ "人間通"になるコツを企業トップの実例から学ぼう

①タウンウォッチング――企業トップの秘かなブーム

今、企業のトップの間で秘かなブームになっているのが、タウンウォッチング。販売現場を知るには、単純明快な古くて新しい方法です。珍しくもない方法が、なぜ、今、ブームなのでしょうか?

要は、トップにも少し時間が出来たのですね。モバイル機器の進化のお蔭で、必要な情報を調べたり、社員からの報告を受けたり、海外の責任者とミーティングしたりするなどの効率が飛躍的によくなった。時間や場所の制約が減り、自由に使える時間が増えたからだと言います。

たとえば、大手総合商社「伊藤忠商事」の小林栄三会長は、ときどき、家族とファミレスに食事に行ってみるそうです。すると、以前にはなかったこととして、最近では一人で朝食をとりにくる年配者が増えていることに気づく。高齢化社会の寂しさと見るか、朝食をなおざりにしないで贅沢《ぜいたく》な時間を過ごしていると見るか……そんなワンシーンから消費のトレンドを考えるそうです。

街角のワンシーンから人間の生活を考える。人と人をつなぐビジネス、総合商社のトップの心得が伝わってきます。

旅行最大手「ＪＴＢ」の田川博己社長は、地方や海外出張に行ったときには、必ず時間をつくって街中や商店街を歩き、店に入り、どんなものが売られているか、どんな売り方をしているかを観察すると言います。

そして、どうやったらこの街に人々の交流を生み出すことが出来るか……など、地域交流ビジネスの新しいヒントを見つけるとのことです。

旅行業界が、観光地巡りを手配するビジネスから、交流を創り出すビジネスへ方向転換しつつあることを、トップ自らが実践しているのです。

新しくオープンしたブランド店や、改装後の百貨店によく行くのは、ビール業界大手「アサヒグループホールディングス」の泉谷直木社長。消費者のちょっとした変化を見逃せば、熾烈なシェア争いから脱落してしまう……と、とにかくコマメに消費の現場を歩くそうです。

女性が自らを最高に美しく見せようと努力しているときは消費がよく動く。が、女性がスパッツをはいている時代は、まだまだ消費が盛り上がらない……と嘆く彼。消費の小さなトレンドを見逃しません。

タウンウォッチングとは、街角のファッション、電車の中のつり広告、新規オープンのレストランやカフェ等々、さまざまな光景を見て、それらが発するメッセージを読むことです。もちろん、わざわざ時間をつくらなくても、通勤の途中でもいいのです。携帯やスマホから目を外し、街を眺めて、楽しみながらそのメッセージの意味を考えましょう。

②多彩な趣味で、違う〝世界〟を持つ

好きな趣味を存分に楽しみながら仕事や自分磨きに結び付ける、そして業界の外から自分のビジネスを考える……こういう企業トップもたくさんいます。

子供と共通の趣味を持つというのは、リゾート開発大手「星野リゾート」の星野佳路社長。

息子と共通の趣味のスキーでは、シーズンの週末は朝5時に起きて夜まで練習に明け暮れ、夏場は南半球のニュージーランドのスキースクールに一緒に行く。ともに心

から楽しめることが大事で、彼のこの哲学が、北海道や軽井沢のリゾートで親子が一緒に楽しめる仕組みづくりに生きているとのことです。

「水たまりを見ただけで釣りに行きたくなる」と言うのは、「全日空」の伊東信一郎社長。

渓流のほとりにテントを張り、イワナなど釣った魚をたき火で焼いて、これを肴《さかな》に仲間と飲む。この喜びは経験した者にしかわからない……と目を細めます。社長になってからは、さすがに携帯も通じないところに行くわけにはいかないと、「東京湾の釣りくらいにとどめている」そうですが。

「すき家」をはじめとする外食チェーンの大手「ゼンショー」の小川賢太郎会長兼社長兼CEOの学習法もユニークです。

「外食産業はサイエンスとアートの組み合わせ。本を読んで学ぶのも大事だが、アートの感性を磨くことを怠ってはいけない。自由な時間は、仕事を離れ、感性を鍛える時間だと思っている」とのこと。

自宅で30種類以上のバラを育て、それらを美しく撮るためにカメラの技術にも人一倍凝っているそう。視覚や嗅覚を鍛え、五感を磨き、経営者としての自分の感性や創造性を鍛えているとのこと。

美術館巡りをして、その時間を楽しみながら、色合いやコーディネイトを自社のヨーロッパ調の家具作りに活かしているのは、若者に人気の家具・インテリア販売大手「ニトリ」の似鳥昭雄社長。仏像鑑賞も、その立体的なデザインが家具作りの参考になるそうです。

また一切仕事から離れて、趣味に没頭する経営者も。

模型作りに没頭するために、部屋まで借りて、2、3日に一回は立ち寄り、わずかな時間でも趣味に没頭し、糧としているというのは、「インスパイア」取締役ファウンダーの成毛眞氏。

子供の頃からの夢、好きなおもちゃに囲まれていたら楽しいだろうな……を3年前から実現しているとのこと。夢中になって部品組み立てをしている成毛さんの姿が目に浮かびますね。

自宅の家庭菜園で野菜を育て収穫しているのは、日頃はコンピュータに終日向き合うお仕事、「KN情報システム」の坂本達雄社長。毎年、収穫された広島菜や、大根をたくさん送っていただきます。今年は出来があまりよくない、今年はなかなかよく出来た……などのメッセージも楽しく、少々虫が食った大小さまざまの〝大地の恵み〟を美味しくいただいています。

いずれも、仕事から離れて自分の好きな趣味の時間を楽しみ、没頭しながらも、それらを仕事のエネルギーに変えたり、新鮮に仕事を見直したり、新商品開発のヒントを得たりしています。

③読書こそ〝人間通〟になるための王道

人間通になるには、〝見識〟を磨くことです。

こう言ってしまえば、なんだと思うかもしれません。

でも、見識とは『物事の本質を見通す、優れた判断力』、つまり世界観、人生観、仕事観など、物事についてのしっかりした考え、見方を指すのです。それは、人間の生活とはどういうものか、自分はどう生きるべきかという思慮・分別・判断の基軸であり、私たちが一生を通して深めていくもの。

では、一流の見識を持つためにはどうすればいいのか。私は、その〝王道〟として、古今の名著に触れることをお勧めします。

これまた「見識を持て」と言うのと同じで、「読書せよ」などと言うと、なんだと思われるかもしれません。

でも、名著とは、時空を超えて、必ず人の心を打つ何かが感じ取れるものです。時代の変わり目にいる私たちだからこそ、たくさんの見識に触れることはきわめて大事なことです。

そして読書の素晴らしい点は、本を読むことで衝撃を受け、自分の内部に〝精神的な組み替え〟を発生させること。大げさに言えば、自分の人生観、自分の考えや行動に影響を及ぼすことです。

このことは、現在グローバルに成功している企業のトップの方々の経験からも十分にうかがえます。本当に優れたトップは、みな読書好きなのです。

たとえば、ある日本を代表する製造業のトップは、自分の進路を決めたのも、ドラッカーの本から……と言います。学生時代読んだドラッカーの著書の一言「知識労働者には自律性と責任が伴う」という言葉に、なぜか大きな衝撃を受けたそうです。

当時は、やっと工業化社会が緒に就いたばかり。その時代でのドラッカー本は、まだ見たこともない社会を予言し、彼の若い心を打ったのでしょう。知識労働者の時代が来るんだと、わくわくしたそうです。

ドラッカーの著作は、ダイヤモンドのような言葉に満ちていると多くの経営者に大人気。「迷いが生じたときはドラッカー」と言う人が多いのです。最近では「もしドラ」効果でお馴染みのドラッカーですが、人間洞察に富んだ彼の著作では、鋭く短い言葉が心に刺さります。

また、ある女性経営者は、トルストイの名著『戦争と平和』や『アンナ・カレーニナ』を読んで、女主人公の人生を追体験したことは、人生の輝くばかりの愉《たの》しさや、哀れさや深さを感じさせられた体験のひとつだと言います。

中学時代に読んだのを、40歳を過ぎてまた読み返すと、心に響く度合いが全く異なることが面白い、と語るこの優秀な経営者は、アンナ・カレーニナそこのけの、情熱的で魅力的な女性です。

あるいは、あるホールディングスのCEOは、経営者やビジネスマンにとって歴史や哲学書は必読だと言い、中国の古典なども含め、朝晩に読書の時間を持つことを自らに課していると言います。そのために、睡眠時間を4時間と決めているという徹底ぶりです。

かくいう私も、出張の新幹線や飛行機の中は、格好の読書タイム。新幹線の中で読み継いだ『ローマ人の物語』のハンニバルやカエサルに胸を躍らせ、『チェーザレ・ボルジア　あるいは優雅なる冷酷』のチェーザレに涙しました。

また、『わが友マキアヴェッリ』の中では、マキャベリの寸鉄人を刺すごとき言葉の数々に衝撃を受け、「今の政治家に読んでもらいたい！」と痛切に思ったものです。

塩野七生さんは私の超ヒイキの歴史作家。彼女の歴史と現代を洞察する深い見識に、いつも刺激を受けてきました。男女の枠を超えた素晴らしい見識を持ちながら、女性であることを楽しんでいるところも、なんとも素敵でヒイキの理由。

ニュースキャスターの久米宏さんが、20年ほど前の「読書の日」に、愛読書のナンバーワンに『モンテ・クリスト伯』を挙げてから、この本は、ビジネスマンの間でも一種のブームになりました。「無人島に流されるなら？」「『モンテ・クリスト伯』を持って行きたい！」とする人が増えたと聞きます。

エドモン・ダンテスが無実の罪で監獄に送られ、そこで長い年月を過ごした後、脱獄して巨万の富を手にし、モンテ・クリスト伯爵として自らを陥れた者たちに復讐する物語は、圧倒的な筋立てで、ナポレオンが失脚した当時の激動の世相をよく描き込んであり、歴史小説のようでもあります。

それだけでなく、毒薬を駆使する貴族夫人も登場してなかなか刺激的。現代でも全く違和感がなく読めると、人気継続中です。私も無人島に流されるなら、これを持っていくでしょうね。

あるいは、村上春樹ワールドに浸り切って、〝世界の初めと終わり〟を考えるのも良いですね。『海辺のカフカ』で不思議な底のない世界に引き込まれながら心の闇を探り、『ねじまき鳥クロニクル』で歴史の暗い一面や、人間の暴力性について考えるのも人生の妙。村上春樹の凄腕は、人間の心の闇を鋭く抉《えぐ》り出し、深く考えさせてくれます。

忙しいときほど、読書は頭を切り替えてくれるもの。旅行に行くヒマはなくても、本はどこででも読めます。週に2冊、出来れば1か月10冊。電子書籍が普及すればどこにでも〝マイ図書館〟を携帯出来るでしょう。

読書という、人がくれた〝最高のプレゼント〟をもっともっと楽しむべきだと思いますね。

第4章

出来る人が実践する仕事術

新聞を武器に情報収集、現地マネジャーに抜擢された25歳

新興ながら世界に土俵を広げつつあるファストファッションと呼ばれるアパレル会社勤務、入社5年目、28歳のYくんは、新聞を武器に自らのキャリアをグローバルに開拓中の若手です。

ファッションビジネスを志すだけあって、オシャレな渋谷系イケメンで、スマホのゲームが大好きな一見チャラ男だった彼は、どのようにグローバルキャリアをつかみ取ったのでしょうか？

ホヤホヤの新人だった5年前のある日、突然神のお告げを受けたように「自分が自社のブラジル・ビジネスを開拓するのだ」と心に決めたとのこと。まだ同社は海外進出が緒に就いたばかりで、当面はアジア・中国を目指すのが、若手の常識だった頃の話です。

きっかけは、マイケル・ジャクソンのアース・ソング。いかに地球が人間によって破壊されつつあるかをショートフィルムで訴えたメッセージソングです。密猟者、ボ

スニアの1990年代の紛争、破壊された南米の熱帯雨林（ショートフィルムの最後に映る森は撮影後に破壊された密林です）は、悲しいほど綺麗で彼の心を打ちました。

マイケルが亡くなった後は、大ヒット映画「THIS IS IT」にも収録され、DVDとしては爆発的に売れました。中でもアース・ソングは、世界的なヒット作となり、世界中で少なくとも300万枚売れたもの。

この美しいブラジルの密林を破壊させてはならない、自分も地球のために何かしたい！　と強い思いが湧いてきた彼は、それから、日経、朝日、読売、毎日などの全国紙を会社の休み時間に読み漁り、ブラジルの記事が見つかれば、どんなものでも丁寧に読み、夕方切り取ってスクラップブックに貼って持ち帰ります。

それからその件をネットで参照し、次には本屋に行って関連本がないか探し出して、また丁寧に読み漁り……を続けました。そうやってだんだんとブラジル通になっていったのです。

3年目の夏休みには、有休も駆使してブラジル旅行に出かけた彼。

コパカバーナやイパネマのビーチでは、女性たちの奔放《ほんぽう》な水着姿とそのボリュームに圧倒され、リオの街角では、健康で底抜けに明るくセクシーなファッションに魅了され、巷《ちまた》では地元の若者と片言のポルトガル語で話し込み、また一層のブラジルびいきになったそう。

新聞記事ではブラジル関連は絶対に見逃さない。政治・国際・経済・企業・暮らし……あらゆるページでブラジルを拾っては、そこから自分の仕事に関連するものは何か？　と拡げていく。彼の手法は、古典的ながら今日的です。

彼曰く、インターネットやテレビの情報と違って、新聞は、自分のペースで読みたいものを深読み出来る、解説がしっかりしている、その他の記事との関連も考えられる、他の新聞との論調の違いも参考になる、何度でも読める、一流の学者の解説も付いている。だから大変〝お得〟だそうです。

「ブラジルのことは、彼に聞け！」と言われ出した頃、2011年の9月に、本当にブラジル担当になって、工場用地を探しにサンパウロに赴任していきました。ヒト・モノ・カネの調達にいろいろ苦労している様子を聞いていましたが、そろそろ1年になる最近では工場建設が本格的に始まったと聞いています。

若くして総務担当マネジャーとして活躍中の彼、グローバルキャリアの始まりに、奮闘中。今後のさらなる活躍を期待したいものです。

‼ 今さら聞けない新聞の読み方

情報は、誰にでもオープンに公開され、あちこちに宝石のように転がっています。ただし、この宝石は鮮度が命です。だから、いち早くそれをどうつかみ、どのように活かすかは、自分次第。もっともっと『自分のビジネスを取り巻く環境の動き（政治や景気の動向・技術の進歩・市場・顧客・競合のトレンドなど）』に関心を持つことです。

これらは、経営者だけの課題ではありません。今の時代を生きる私たち、一人ひとりの課題です。どんな立場であろうと、グローバル社会では、国内国外を問わず、一人ひとりに、そのビジネスは任されているのですから。

自分のキャリアは、自分が切り拓くもの。誰にも負けない、ダントツのナンバーワンを目指して、知識や技術を磨きあげていくことです。そのためには、ブラジル担当で成功した彼の例を挙げるまでもなく、インターネットの時代であっても、新聞は大きく情報収集する手段として、欠かせないものと言って間違いありません。

日経に朝日・読売・毎日など全国紙に、地方ならば地元有力紙、「日経ビジネス」

や、「週刊ダイヤモンド」などのビジネス雑誌、業界雑誌、さらに、出来ればNYタイムスや、ウォール・ストリート・ジャーナルの見出しくらいは眺めましょう（英語のブラッシュアップにもなります。WSJは電子版でよく読まれているようです）。

これらは、ピアニストが毎日ハノン教則本で音階練習をしたり、バレリーナが毎日バーにつかまって足の動きを反復練習をしたりするのと同じこと。ビジネスマンならこれらは『基本の〝き〟』だと考えるべきです。

新聞を丁寧に読んでいる時間がない……という人は、朝、夜のテレビのニュースをつけっぱなしにしておくとよいでしょう。人の聴覚は興味のあること、自分に関係のあることを〝拾えるセンス〟を持っているものです。

それから気になったニュースを新聞でサッと確認するのです。くどいようですが、新聞はお得です。今のところ、インターネットより紙ベースの新聞の方に、質・量とも圧倒的に軍配が上がります。新聞全体を10分で読める人も、電子版では絶対にそのスピードでは読めません。新聞ではサラッと見て全体の傾向が把握出来ても、電子版では、この大量の情報の全体像がつかみにくいといった特性からきています。
日経なら一面の見出しを拾い読みし、左上の特集（経済や社会が抱える重要テーマを掘り下げる企画記事）は、出来るだけフォローする。その日のポイントは、一面の左肩あたりに見出しが出ています。気になった記事（出来事）の背景は、そこで何面にあるか紹介されているので、ジャンプすればOK。

日経の真骨頂は、企業総合欄です。どんな会社が何に取り組んでいるか、さっと目を通す。仕事で関係する企業なら、丁寧に読んで、さらにネットでチェックします。経済教室では、大学の先生による〝今〟の課題を深掘りして解説してくれます。たとえば、「ITが変える今の常識」など。

意外に面白いのがスポーツ欄です。他の全国紙より、ゴルフ記事が充実しているのは、オジサン読者が多いからでしょう。私も日経のゴルフ記事はヒイキで、マメにチェックしています。

「きょうのことば」も要チェックです。その時点でのキーワードがわかります。グローバルな視点ならば、米国と中国やASEANの動きもチェック。モチロン、自分のビジネスに関連のある国のニュースはチェックします。

そして大事な点は、「自分との関連は何か？」を考えること。その記事から、自社の現状との関係、自分の業務との関連を考えてみることが、とても大事なのです。

人脈をスパイラルさせるオジサンキラー

自分の業界の〝今〟にかかわる情報を知り、これからのグローバルな変化をすばやく察知するには、業界内外の人脈づくりはとても大事です。

業界内の人脈は、動きを知るためには必要不可欠ですが、他業種の人との交流はもっと大切。全く違う業界で行われている〝常識〟を知り、自分の所属する業界に取り入れること。これもまた、業界の変化についていくために必要なことです。

私のクライアント企業に、グローバルに活躍するやり手のビジネスマンFさんがいますが、実は彼は〝人脈づくり〟の達人です。Fさんの特徴を拾ってみると……。

笑顔が良い。誠実である。返事が早い。マメ。頼んだことは、小さなことでも忘れずにすぐ実行してくれる……。

たとえば、「スマートシティなら、こんな本が参考になるよ」と教えてくれた彼は、次に会ったときは、その本を持ってきて貸してくれるのです。忙しい人なのに、と思わず感動した私。人脈づくりには、まず自分が役に立ってみせることが大事なのですね。

〝愛嬌があって、少し厚かましいが、憎めない〟点も特徴です。

「この前、Fさんに業界の偉い人を紹介してあげたら、ホントに喜ばれた。あれほど喜ばれるとこっちも嬉しいね」……と、これは、ある業界の大物。

Fさんが初対面後、帰社してすぐ挨拶メールを送り、その翌日には、再訪問し、業界団体の会長への紹介を頼んだという、厚かましい早業をした相手は、70歳近い大先輩です。その早業に大物も驚いたようですが、

「なかなか熱意があり、好青年なんだよな。紹介したら、その後もどうなったか、すぐ報告してくるのも感心だ。なんとなく愛嬌があり、思わず乗ってしまったけど、役に立ててよかったなーとこっちに思わせる。大したもんだ」

とうなったそうです。

Fさんを称して、「オジサンキラー」と言う人がいました。オジサン（＝先輩たち）から好かれるアクションを取れることも人脈づくりのポイントでしょうか。

そして愛嬌は、笑顔に尽きます。笑顔磨きは、ビジネスマンの基本であると言ってもいいくらい、笑顔の良い人なのです。ちょっと大げさに聞こえるかもしれませんが、笑顔は人を惹きつけ、自分の周りに人が集まる雰囲気をつくります。

!! 〝小さなご縁〟を厚かましく強めていく

出来る人ほど、持っている人脈にどれほど助けられたか数知れないと言います。ひと肌脱いでくれる、貴重な〝マイ・サポート部隊〟だそうです。

一期一会になるはずの、ほんのちょっと会っただけ、レストランでたまたま知人と一緒にいたのを紹介された、大学が同窓だった、出身地が同じ町だったとかの〝小さなご縁〟を〝一生のご縁〟にしていく天才や名人たち。

名刺交換をしただけで、数時間後には、すぐメールが飛んできます。自己紹介も少し入ったメールです。これはテンプレートで使いまわしが利くので、用意すればすぐ出来ることです。そして、ときどき突然訪ねてきたり、メールが飛んできたりします。相手が、企業トップとか、官庁関係とか、特別な立場の人だからなどではなく、普通のビジネスマンであっても、です。マメに、いろいろな人間関係をメンテナンスする。そうして、新人時代から音信を絶やさなかった人が、何年か経てば、第一線のリーダーになり、影響を持つ立場になっていく。人脈も、時間とともに育つのです。

人脈を豊かに持っている人の共通した特徴は、ほんのちょっと会っただけの〝小さなご縁〟を、厚かましく強めていける力、〝度胸と愛嬌〟です。

ここでのポイントは、「人脈をつくるには、どうしたらいいか？」などと、あまり難しく考えないこと。

研究会や異業種交流会に参加したり、何かのパーティに参加するのも良いでしょうが、多くの人はそんな時間も機会もないし、たとえそうやって人脈づくりに励んだとしても、必要なときに、そのネットワークが古びていて使えないこともあります。

コツは、日々、偶然会った人々との一期一会を大事にすること。連絡をマメに行い、絶やさないこと。メールマメになること。フェイスブックなどのSNSを活用するのも大いにありです。そうやって「袖振り合うも他生の縁」を活かすのです。

社外、特に異業種のネットワークづくり……などと考えると、面倒くさいし、やっかいな印象があるかもしれませんが、学生時代の人脈などは誰もが持っているもの。それをマメに手入れし、育て、活用する、しないは自分次第です。

まずは、名前と連絡先、その人の得意なこと、持っている人脈（何関係？）など、自分の人脈リストを作ってみることをお勧めします。

少し心がければ、一生ものの良い癖が身に付きます。日々出会う人を自分の財産と考え、貯金し、手入れをする。これは、決して目減りしないお勧めの財テクですよ。

そして、笑顔を鍛えましょう。

最近の、一流と言われる経営者たちは、自分が人に与える印象を管理しているものです。誰も見ていないところで、顔の筋肉（表情筋）を大きく動かし大きく笑ってみる、表情筋を鍛えるために、「アエイウエオアオ！　カケキクケコカコ！」と発声練習も兼ねて、思いっきり口を動かし、顔の筋肉を鍛えていると聞きました。ときには、割り箸を口にくわえて、同じようにアエイウエオアオと、やってみるそうです。

実行してみると、一挙両得、一石二鳥の効果に驚きます。顔を大きく動かすと、気分が明るくなるのです。筋肉が締まって小顔効果もありますしね。

「筆マメ、メールマメ」で、返信が早い、お礼はすぐにメールで、忙しくてもたまに食事やお茶、飲み会の機会をつくる。頼まれたことには、素早く期待以上の成果で応える……そしてその結果、ますます人脈が豊かになる。

グローバルで有能な人の共通した特徴です。

新生ＪＡＬの機長の決心

先日、ＪＡＬの機長とお話しする機会がありました。京セラの創業者でＫＤＤＩを立ち上げ成功させた稲盛和夫さんが日本航空の会長になられてから、会社の方向性や、機長自身がやるべきことがとてもわかりやすくなったと、その若い機長は語ります。

２０１０年１月、日本航空が破たんして数多くの仲間が辞めざるを得なくなり、彼の同期の数名もやむなく新興ＬＣＣ（格安航空）の機長などに活躍の場を求めて去りました。会社が破たんするほど悲しい出来事はないのです。

山崎豊子さんの力作『沈まぬ太陽』（新潮社）を読んで、御巣鷹の事故当時の日本航空の実情を彷彿させる筋立てに、胸を痛めた社員はたくさんいました。

経営破たんまでいろいろあったＪＡＬですが、現場の第一線は「日本の翼」に強い愛着と誇りを持ち、日々のきつい業務に励んでいたのは本当です。

機長は制服の４本線に誇りと責任を強く感じ、日々プレッシャーで胃を痛めながらも、誇り高くカッコよく操縦桿を握り、整備担当者は愛情をこめて機体の隅々まで点検し、客室乗務員も、カウンタースタッフも「お客様の役に立ちたい！」とみんな笑顔を絶やさず懸命に励んでいたのです。

でも、破たんしました。自分たちのやってきたことは何だったんだろう……？　そうして、みんな自信を失っていきました。傷つかなかった社員はいないのです。

そこに航空業界と縁もゆかりもなかった稲盛会長の登場です。当初、多少は戸惑いがあったものの、やがて稲盛会長から発せられる数々のメッセージに心を打たれたと機長は言います。

まずは、稲盛会長就任の挨拶で引用された、中村天風さんの言葉。

「新しい計画の成就はただ不屈不撓《ふとう》の一心にあり。さらばひたむきにただ想え、気高く、強く、一筋に」

これを聞いたときに、涙が止まらなくなったというのです。傷ついた心に染み込むメッセージだったとのことでした。

「ＪＡＬの再建は、日本経済のためにも、残された社員のためにも、そして何より社会のために必要なこと」

会社の目的は『全社員の物心両面の幸福の追求』ということ。

「社員が誇りとやりがいを持てば、結果として業績や株主価値向上に貢献できる……」など、次々に、自分たちがやるべきことが見えてきます。

何か他人事《ひとごと》だったそれまでのトップメッセージには、なかったものと言います。つまり、トップが何をしたいのかというナマの情報がきちんと現場に認識されたのです。

そして、それが一人ひとりの想いをつないで、「みんなで気持ちをひとつにして力を合わせて目標を達成していこう！」という気持ちを生み出しました。

社員の自主性が喚起されたのですね。航空会社の業務ほど、マニュアルに支配されるものはありませんでしたから。そして優秀な社員ほど、マニュアル業務にやる気をそがれるものですから。自分たちに任されるなら、無数に工夫が出てきます。

それから、機長のアクションが変わってきました。

あるフライトは「本日は数ある航空会社から日本航空をお選びいただき、まことに有難うございます」というアナウンスから始まりました。マニュアルで言わされているのではなく、本当にそう思っているんだ！　という気持ちのにじみ出るようなしみじみとした口調でした。

お客様が降りた後、清掃を手伝う機長も出てきたり、待機機長（万一に備えてスタンバイしている機長）の中には、お客様のご案内をしたり、機械いじりが好きだからと、お客様用の車いすの手入れをしたり……。すべて、自分から始めたことです。

このうねりが、全社に広がっていきました。みんなが「この状況で、自分が何をすればよいのか？」を経営者のように考え、第一線で実行するようになったのです。

結果、1年後の11年度には、ＪＡＬは２０００億円を超える営業利益を上げ、同利益率は17パーセント（他の航空会社平均は1パーセント程度）という驚異的な実績を上げました。

ＪＡＬブランドとは、〝日本らしさ〟だと私はいつも思います。

異国での仕事や暮らしに疲れ切ってたどり着いた空港で、ＪＡＬの翼を見て泣いた人は数知れないでしょう。日本に恥じない企業、日本を誇れる企業、日本の良さを体現出来る企業に生まれ変わってほしい。

そして世界の顧客が求める〝日本らしさ〟を表現することが出来れば、いくらＬＣＣの攻勢を受けようとも、乗り切れるに違いない！　ということを確信させてくれました。

!! トップの意思を知ること

さて、新聞、読書、タウンウォッチング、人脈などで情報の取り方を鍛えた次のステップとしては、いよいよ自分の会社に置き換えて、得た情報をどうやって活かしていくか、〝情報の活かし方〟を考える番ですね。

先の若い機長のように、トップの意思を知り、自分の立ち位置を考えると、「何をすべきか？」がよくわかります。気をつけてみれば、社内には重要なナマ情報が溢れています。それをどう整理するか、どの方向で活かしていくか、ということです。

今、自社や自部門が重点的に取り組んでいること。その中に自分の職場、自分の立ち位置があることを知っておくことは、複雑で変化に富むグローバルな仕事を、楽しくやりがいのあるものにするコツでもあります。

そのためには、まず社内の情報に敏感になることです。

社長やトップ経営陣が最近よく口にすることは何か？

トップは、年頭や、入社式の訓示でどんなことを口にしているか？

部課長クラスは、部署でどんなことを言っているか？　最近は、何を気にしているか？

こういったポイントで〝社内情報〟を整理してみましょう。

トップの意向を受けて現場力・技術力の中心にいるのが部課長クラスの人たちです。ですから、この人たちの関心事をチェックすることは、第一線の立ち位置を考える上で、絶対に欠かせません。

船に乗るときに、行き先を確認しないで乗る人はいませんね。経営方針（トップの言葉）や、取り組み課題（部課長クラスの言葉）についてのチェックは、いわば、船の行き先を示す、重大な情報の確認となるはずです。

会社という大きな船に乗った自分は、持ち場で何が出来るか。それを考えると大きな意味で〝経営参画している意識〟が生まれます。そして、その方が、ずっとやりがいを感じます。

会社の経営に関する情報は、実はいつも社内で飛び交っています。そしてその中に舵取りの方向は示されているのですが、情報感度が鈍いと気がつかないだけ。

それを読み取り、自らの立ち位置を知るのが、大事な感度です。

声を3倍大きくしたら、業績も3倍になった食品会社営業所

今をさかのぼること4年前、その会社では、リーマンショック後の不況と、競合他社との果てしなき値引き競争が激化する中、業績不振にあえぐ全国の営業所を何とか立ち直らせようと必死でした。食品販売の大手商社です。

社内でやれることはすべて手がけた（社長言）後、コンサルタントがチームで入り、拠点開発をすることになりました。営業体制をすべて見直し、現場で営業マンに同行し、細かく指導にあたります。

社長命令の下、所長も営業マンも業績向上に必死ですが、コンサルタントも結果的に数字が上がらないと仕事になりませんから必死です。目標設定の仕方から目標管理の方法、アポの取り方、営業トークの見直し、ロールプレイングも繰り返し、日々のすべてのアクションを研ぎ澄ましていきました。

やがて徐々に各営業所から業績向上の兆しが報告され、半年後には1か所を除き、すべての営業所が対前年比を上回るという結果を出しました。

そんな中、最後まで業績が上がらなかった営業所は、四国の営業所。地場の代理店を相手に地道に基盤を築いてきた、同社では歴史ある営業所です。やるべきことは、他と同じようにすべてやったはず……と、所長も頭を抱えていました。営業所のみなは真面目に取り組んでいるのですが、妨げている壁が何なのかわからないのです。

所長は、担当のコンサルタントと相談し、原因追究の手段として、周囲からの意見を集めてみることにしました。まず大手の客先に、「この営業所に期待することと現実のギャップ」を尋ねてみたのです。同じ質問を、所長と営業メンバー、管理部門の女性社員にもしてみました。

「あなたがこの営業所に期待することは何？　現在、その期待に応えていますか？」

答えはいくつか共通したものでした。客先から多かったのは、

「真面目なんだけど、新しい提案が少ないね。なんか暗いんだよね」

「人間関係は良いんだけど、イマイチ活気がないというか、モチベーションが低い感じ。意欲とか覇気が感じられない」

「現状維持というか、ぬるま湯的というか、付き合っていて得する感じがないね。教えてくれる情報もありきたりすぎだし」

現場からは、

「上司が率先垂範して頑張ってほしい」

「所長は数字ばかり見ている。現場を理解してほしい」

「もっとワクワクするような話をしてほしい」

コンサルタントが他の営業所を回って得た感想も同じ。何かエネルギーに乏しい感じです。活気がないというか、変革という気運が盛り上がってこない。これは職場風土の問題です。とりあえず、他と比べて全体に声が小さいのが気になるな……。そしてコンサルタントの彼から出た提案は、

「所長から声を大きくしてみましょうか」

コンサルタントの提案として、声を大きくするだって？

そんなことが、営業所の業績向上の鍵になるとは到底思えないのですが、所長は、藁《わら》にもすがる思いで、それから、朝はまず大きな声で挨拶をすることから始め、声の大きさを、今までの3倍にしたのです。

朝の挨拶の声を3倍に、指示を出す声を3倍に、電話の声を3倍に。営業マンの答える声が小さいと、「もっと大きな声で！」と大きな声で返します。なんだか妙な感

じ。でも、みんな大きな声で挨拶するようになりました。

挨拶や電話の声が大きくなると、お互いの会話の声が聞き取れなくなり、否応なしに声のボリュームが上がります。みんな大きな声で話すことになれてきました。

そうすると、不思議なことにみるみるうちに雰囲気が変わってきました。営業所内に活気が出始めたのです。人は大きな声で挨拶すると、お互いの存在を意識するようになる。大きな声で会話すると、なんだか元気になる。『行動がメンタルを変える』という典型的な光景が見られるようになりました。

そこへたまたま訪れた大口顧客が、ドアを開けた途端、

「あれ、なんか景気が良さそうだね？　最近、儲かってるんじゃない？」

と感想を述べた頃、ホントに業績が向上し始めたのです。業績は伸び始め、ついには全国一の伸びとなり、最悪だった対前年比3倍にまで上がったのです。活気や勢いが業績を呼び込んだこのケースは、同社の〝四国の奇跡〟と評判になりました。

社長表彰も受けた営業所長の本当の学びは、実はここからです。

「全員で出来ること、やれることはすべてやり尽くしたと思っていたけど、何か盲点はなかったか？」

「『声を大きくしてみましょう』なんて、ずいぶんレベルの低い提案をすると思ったけど、結果的にそれが盲点だった。では、それで業績を伸ばしたのはなぜか？」

「職場風土が暗いと言われたが、数字とにらめっこばかりしていた自分が暗かったのかな。ということは、自分が全体の活気を下げていたのか？」

「そうか！　活気も雰囲気も、要は〝気〟だ。人の集団は〝気〟を創ることで、業績が変わるんだ！　私の役目は気を創ることなんだ！」

その日から、彼は、営業と話をするときは、なるべく大きな声で、客先でも大きな声で笑い声を交えるようになりました。女性社員が頼んだ仕事をしてくれたときには、照れずに気軽に大きな声で「有難う！」と声をかけ、いつも出来るだけにこにこしているよう心がけているとのことです。

「気を創り出すこと！　それが、業績を大きく左右する」

ローカルな営業所長が学び取った、シンプルでグローバルな心意気ですね。四国の営業所は、現在も好調を維持しているとのことです。

!! 期待されていることを感じ取る

四国の営業所長が、『気を創る』ことの重要性に気づいたのは、職場において自分が何をすべきなのかを必死で考えた結果です。

そして、そのとき大切なことは、職場全体を見渡し、職場の現状を把握し、自分の役割を感じ取ることです。

ひとつの目標に向かってそれぞれが自分のベストを尽くすこと。グローバル人にとっては、多様な人々と相互にコラボし結果を出していくチームプレイが勝負どころなのです。

チームに貢献していくために、自分を取り巻く職場の人間模様を、上下左右、内から外から、あらゆる角度で観察してみることもお勧めです。人は、身近な人に必要とされていると思うとき、存外な力を出せるものです。

①上司から期待されていることは何か？

企業の管理職研修で、最近の部課長の方々の本音トークを確認しました。

「仕事は指示待ちでなく、自分で考えて作ってくれ」

「人数も予算も減るけど、目標の売り上げをきっちり上げてほしい」

「報告だけは早めにお願いね」

「後輩を一刻も早く一人前に育ててもらいたい」

などなど、時節柄、なかなか無茶な期待がよく出ていますね。

②部下や後輩から、自分は何を期待されているか？

こちらの本音トークでは、

「やり甲斐のある仕事を任せてほしい」

「でも任せたら、その後はなるべく口出ししないでほしい」

「成長のために、もっともっと叱ってもらいたい」

「いつも愛情を持って、でも、適度な距離を保って見ていてほしい」

依存と反依存の葛藤は若者の特権です。

③同僚や他部門の人々から期待されていることは？

同僚からは、

「切磋琢磨《せっさたくま》していける良きライバルでいてほしい」けど、

「一人だけ抜け駆けしないでほしい」のも正直なところ。

他部門からは、

「後工程を考えて仕事をしてほしい」

「情報は出し惜しみせずに早めに出してくれ」

連係パートナーとして、よく出る期待です。

④外部（顧客や取引先）から自分に特に期待されていることは？

「うちだけ特別扱いしてほしい！」

これぞ、まさにお客の本音です。すべてのお客様を、特別扱いするために知恵を絞りましょう。

本音は口にされないことが多いものです。周りからの期待を感じ取って応える力のことを、『応える力＝レスポンスするアビリティ＝responsibility（レスポンサビリティ）』、つまり日本語では、〝責任〟と言います。

まず自分のポジショニングを理解しないと、的確に責任を果たせませんよね。

創業者の心意気を引き継ぐ東芝の女性研究者

東芝さんでお聞きしたこと。自社のDNAについて社内で議論されたときの話です。いろいろな話が出る中で、東芝の歴史の話となり、130年前にさかのぼった創業の頃の話になりました。

田中久重さんという東芝の創業者は、江戸時代末期に「からくり儀右衛門」という異名をとったほど、からくり人形作りで名を馳せた人だったとか。からくり人形は、外から見たら〝人形〟で、アートそのもの。しかしその裏側には複雑なエンジニアリングが隠されています。アートがあり、エンジニアリングもある。ただし、そのエンジニアリングは表に出ていない……。

これこそが、「東芝」のDNAなのではないか？　つまり、世の中の見えないところでエンジニアリングを駆使し、人々の生活に貢献するのが東芝の使命なのではないか？　ということです。

日本の普遍的な強みである白物家電も、最近のスマートシティ構想も、表面は美しく、裏側に隠された驚異的なエンジニアリングが支えているのだというわけで、そこに日本の美意識を感じます。

幕末から明治に至る動乱の時代に、常に時代の先端を見据え、人々を楽しませる発明を追い続けた創業者儀右衛門さんの情熱と探究心のＤＮＡは、今日の東芝の根っこに脈々と息づいているはずです。

高い技術に安穏と胡坐《あぐら》をかいて、ソニーやアップルに後れを取った……などと、いろいろと批判されてきた東芝ですが、近年、原点とも言える技術者魂を市場に活かし、復活してきた印象があります。

たとえば、諸悪の根源のようにみなされ、相次ぐ撤退が報道されるテレビ事業で、唯一黒字を出しているのは東芝。最近では、メガネなしで３Ｄ映像を見られる最新技術のテレビを、世界に先駆けて開発しています。

グラスレス３Ｄレグザ誕生のストーリーの原点は、『自然で見やすい３Ｄ映像』を、最先端の技術を駆使して実現すること。そして儀右衛門流を、一人の優秀な技術者の頑張りではなく、『チームで達成したこと』が、今風でしょうか。

人間の目が左右で少しずつ異なる角度でものを見ている、その差を利用して脳内に再現されるのが３Ｄ映像です。専用メガネはその必須アイテムでした。しかし見やすくするためには、このメガネをなくすことと、鑑賞範囲の狭さを克服する必要があったのです。３Ｄが家電の主流になるには、『自然で見やすいこと』が必須です。

試行錯誤をする中で、ディスプレイはそのままにして、〝画像〟を工夫しようとのアイディアが生まれました。チームで実験を繰り返す中で、液晶パネルに設けたレンズシートを画素ごとに異なる方向へ光を向け、３Ｄ映像を見るために必要な光を選んで再生出来るようにすべての輝度情報を決めるというアイディアが出てきました。これにより、視野の範囲が倍以上に広がったのです。

技術をクリア出来れば、次は製品化です。事業部を横断する大きな組織を動かさないと実現出来ません。そして『信頼性の向上』と『製造コストの削減』という、グローバルに普遍的な矛盾に折り合いを付けなければなりません。製品の構造を見直し、問題をひとつひとつ潰していく。

「もっとコストをかけないと製品には出来ないのでは？」

何度も壁にぶつかり、そのたびに、みんなで考え抜くという姿勢で、得られたデータと対峙《たいじ》。会議を繰り返し、考察を出し合い、解決策が出るように頑張ったチーム。

チームリーダーの女性研究者はこう語ります。

「論文よりも、実社会で使ってもらえるモノを作りたかったのでこの仕事を選びました」

この開発でも、その意志を貫きたかったとのことです。一緒に取り組んでいるメンバーのためにも、自分のためにも。そして、研究しているのは、今の時代だからこそ取り組むべき課題です。数々の難関を見事に乗り越えて発売された『グラスレス3Dレグザ』は、数々の賞に輝いたのでした。

「組織で挑むからこそ起こせるイノベーションがある。研究開発を個人戦だと思っていた自分が、団体戦の喜びを味わえたことこそが、かけがえのない大きなものだった」と語る彼女の顔は、現代の儀右衛門そのもの。

「メガネなしってやっぱりいいね」

その苦労は展示場のブース前には120分待ちの行列が出来、ディスプレイを見たお客様の反応で報われたようです。

!! 未来のために過去を振り返る

忘れてはならないのは、自分の足もとを見ること。禅の言葉に「脚下照顧《きやつかしようこ》」という言葉があります。脚下《あしもと》を照らし顧《かえり》みる。大きく言えば、今この瞬間は、過去の〝歴史〟の上にある、ということ。歴史とは、今に至るまでに起こった重要な出来事。その結果が、今をつくっているわけです。

自分という人間を理解するためには、自分の来た道を振り返ってみる。すると、今の自分がどういった節目を経験してきたか、今の自分の考え方、判断基準の根底に何があるのか、が見えてきます。

そして、そのことがわかれば、「自分はどこから来て、今どこにいて、これからどこに行こうとしているか」が、よりはっきりと見えてくるでしょう。

同じように、自分の会社を理解するためには、会社がたどってきた道を振り返ってみることをお勧めしたいと思います。

あとは、一般社員でも、中間管理職でも、自分が今、何をする必要があるか、何をしたいかを考えて、実行に移すのです。「自社の経営戦略を理解しよう。考えてみよう」とすることは、きわめて重要なグローバルスタンダードです。

そのときに、情報の方向付けのためのジャンピングボード、バネになるのが〝愛社精神〟です。最近のはやり言葉で言えば、〝企業DNA〟ですね。

DNAとは『遺伝子情報』ということですが、企業のDNAには、その企業の強みや企業理念が凝縮されているはずです。これこそが、日本人であることの美質に自信を持つことと同様、グローバルの時代を生き抜くビジネスマンにとってのキーワードになるものです。

それらに気づくこと、そこから発信されている情報に気づくこと、と言ってもいいかもしれません。そのためには、

「自社の〝強み〟を使って何が出来るのか？」

「競争相手に勝てるものは何か？　勝てないものは何か？」

「自社にはどんな〝癖〟や〝好み〟があるのか？」

「癖や好みが出来上がってきた、そもそもの原因は何か？」

といったことを理解していなくてはいけません。

自社のDNAを発見する方法として、最近、社史の編纂《へんさん》を若者チームに任せるといった企業が増えてきています。

そしてそういった若者たちから、「自社の強みや弱みの背景がよくわかり、改めて自社に誇りを感じた！」との声が上がってきています。

会社の歴史とは、成功体験と失敗体験の連続です。人間と同じように、会社にも性格があり、それは過去の経験から形作られているもの。成功体験は自信につながり、失敗体験は必要以上の用心深さになっています。

会社をより理解することで、これからどうしていくか、何に取り組む必要があるかが見えてきます。今と未来を知り、自分たちの世代を自分たちの手で作る決意をすることが、とても大事になってきているのです。

過去、どんな人たちが活躍してきたか？　どんな人が出世してきたのか？　会社のヒーローたちの話を集めましょう。

その会社（業界・職種を含めて）が大事にしている考えがわかり、何をしていけばよいかが、自然に見えてくるものです。

ゼネコンにも女性キャリアが

キャリアを重ねてきた中で、何度も挫折しそうになったと、あるゼネコンの女性営業課長。女性であるということだけで、希望する仕事に就けず、機会も与えられずに最初から弾かれることが結構あったとのことなのです。

雇用機会均等法なんて、実際には役に立たない！　と、泣いたこともありました。いまだに日本の企業の中では、「男の仕事」とか「女の仕事」などという表現が生きているのも事実です。

「営業が向いているはず」「営業マンとして、お客さんの役に立ちたい」「やりたいことをさせてほしい！」――でも女性の営業は、その業界（土木建設業界）では、無理と言われていました。とても男性的価値観の強い男社会だから……と。

会社には、フェアであることを期待したいし、各自がやりたいことを、自分の意思で選択出来ることを大事にしてもらいたいと、何度も痛感したという彼女は、能力を〝見える化〟しなければと、一級建築士の通信教育を受け、資格取得にチャレンジしました。

学びながら、「都市のグランドデザインを考えるのは、女性だからこその視点が活かせる。これこそ自分の使命」と思うようになった彼女は、技術営業への異動を夢見て、仕事の合間になれない設計の勉強に励んだそうです。

文系出身の彼女の努力は、半端なものではなかったようですが、技術力があれば、男社会だろうが、活躍出来るはず。

努力のかいがあって無事資格を取り、技術営業への異動を申し出てみると「いよっ！　待ってました！」と背中を押してくれる上司や仲間がたくさんいたそうです。

もちろん彼女は嬉しかったし、逆に勇気づけられたと言います。みんな彼女の努力を見ていたのですね。

部長が根回しをしてくれて、最後は社長決裁で営業部門に異動になった彼女はクライアントに評判が高く、順調に成績を上げて、今では男性の部下が主力のチームの営業課長として張り切っています。そして、女性の後輩を育てている最中だとも……。

‼自分の価値を決めつけない

キャリアとは、大それたものでもなんでもなく、積み重ねてきた仕事の経験です。

そして、その中で築き上げた人脈や、つかみ取った現場のノウハウや知恵の数々です。

ここでは、女性のキャリアについて考えてみましょう。

キャリアを積んだ優秀な女性が、育児や、これから大問題になりそうな介護の問題で辞めてしまうことは、チームにとってゆゆしき事態です。

そのときどきのライフスタイルと両立させるために、どんな手段でも考え出すべきです。役員のワークシェアや、スローキャリアの管理職など大いに結構なことだと思います。

ITコミュニケーションが発達したユビキタスな今日この頃、『〝月火水〟担当部長』や、『偶数日担当常務』『在宅勤務の副社長』などが、大企業に普通にいてもいいですね。

女性が仕事をする環境、仕事のしやすさにおいて、日本は、欧米に到底追いついていません。

私は、アメリカで仕事をする女性たちがよく「ガラスの天井（透明なので上は見えるのに、上に行こうとすると、見えない障害があって頭をぶつける）」と嘆くのを聞いて、「何を贅沢なことを言ってるんだ！」と思ったものです。こちらは「鉄の天井」で、上は真っ暗で何も見えない……頭をぶつけたら死んでしまうかも……。

日本の現状は旧石器時代、ガラパゴス状態の情けなさ。この問題に一刻の猶予もありません。政府や企業にも頑張ってもらわないと困りますが、当事者の我々が出来ることは、「キャリアを投げ出すな！」という意識改革です。

キャリアを磨くためには、まず、自己評価をもっと高くすべきです。謙虚さは美徳のひとつですが、専門職以外の人たちの自己評価は、謙虚を通り越して、自己卑下と言えるほど低いことがあります。

「どうせ、事務職だから」とか「何も取り柄がない」とか。このことに関しては、女性に限らず、意外と多くいるように感じます。

職場にとって、顧客にとって、自分の仕事は、とても意味のあるものだと見直してみると、自分の価値が自然に見えてくるとお聞きします。

そして、前述のゼネコン女性課長のように、ときには声を大にして、やりたい仕事に手を挙げ、チャレンジすることです。

堂々と、「私は、これをしたい！」と声をあげてください。思えばかなうのも、人間社会の常と信じて。あなたが思っているより、あなたの仕事、あなたの存在価値は社会的に高いのですから。

「仕事より家庭に入る」「専業主婦というキャリア」を積極的に選ぶことも、とてもカッコいいことです。自分の意思に基づく選択であれば、どんな選択であろうが、充実したキャリアとなります。ただ、「仕事との両立は、大変そうだから」と、安易に〝結婚永久就職〟〝寿退社〟と、仕事を投げ出したらモッタイナイ。自分の人生の損です。自分がやり切ったと思うまで、辞めるな！　と言っておきましょう。

〝出たとこ勝負〟で大成功の21歳エステ店店長

「来月から梅田店の店長、お願いね」

入社3年目、21歳のうら若き女性、Kさんに降って湧いた人事異動です。

その会社の店長は、営業責任から運営責任、人事総務など管理責任も背負うなかなかの重責で、しかも大阪の梅田店は、銀座店や渋谷店と並んで、会社の屋台骨を支える3本柱という大事な店。これは常識的な人事ではありません。

エステティックサロンを全国展開中の女性社長は、大胆な戦略で業界を変えてきた有名人です。しかし会社の発展スピードにリーダー育成が追い付かないのが悩み。ベンチャー企業や急成長の会社によくあることですが……。

とは言え、リーダーを育成してから展開していたらチャンスを逃してしまいます。目をつぶって、21歳の若い女性に店長を任せました。

社長曰く、その21歳の女性は、大したものだったとのこと。

「彼女は全くビビりませんでしたね。涼しい顔で数千万単位の売り上げ目標はきっちり上げてくるし、お客さんからの評判もいいし、新人はちゃんと育てるし。ホント、奇跡のような店長で、頼りになったわ」

その後、Kさんは、異例の速さで同社の営業本部長に昇進し、業界でも話題となりました。Kさんに、スピード出世の秘訣を聞いてみると、〝舞台度胸〟とか、〝女優魂〟みたいなものじゃないかと言います。

小さい頃から女優になりたかった彼女、まず、難しい役ほど受けるようにしてきたそうです。仕事上でも、新人女優に、めったにない大きな役が巡ってきたわけですね。

そして次に、「ドラマだったら、これはどんな役か？」と考えると言います。脚本家の意図や、監督の意図は何か、お客様の期待は何か、などを一生懸命考える。同じ演じるなら、誰より上手く演じたい、感動してもらいたい、それが女優魂だそうです。

そして、女優に何より必要なのは、舞台度胸だとのこと。開き直って度胸を決めて、一心に頑張っているうちに、演技力も付いてくるというわけです。

「出たとこ勝負の連続で、努力なんて大げさなものではないんです」

とサラッと言う彼女。人生はドラマ、主役は自分。名優を志し、ひたむきに演じ切るのが、〝出たとこ勝負〟の真骨頂かもしれませんね。

!! 環境の変化をチャンスととらえる

英語が苦手だから……と国内営業を希望して、入社した会社で国内3拠点に転勤し、それなりに業績を上げて、そろそろ営業所長かな……というタイミングで、突然会社が外資系になってしまった！　あなたなら、どうしますか？

「え、何で？　話が違うじゃないか！『英語力は問わず』と言われてきたのに！それが今や何もかも英語ですよ。これは詐欺です！」

「これまでは、自分に関係のない報告のときは、目をつぶって〝寝たふり〟で良かったんですが、今では外国人社長から、『今の報告に対して、君の意見は？』とすぐ質問が飛んできます。ハイ、英語です。寝ている場合じゃありませんね」

「会議が様変わりしました。ホワイトボードには英語の文章。事前に英語の報告書を読む。毎週、本国のマネジャーに、英語でレポートしないといけないんです」

本当に困ったものですね。今では一寸先は闇。ルールが突然変わるゲームをしているような感じ。一塁に向かって全力疾走している途中で、ひょいと塁を動かされてしまうようなものです。

けれど、そんなときこそ〝出たとこ勝負〟の出番です。英語を使わざるを得ない環境になってしまったのだから、これは大きなチャンス。これまで縁のなかった英語を磨き、せっかくだから自分の財産にしましょう。

そして、その機会を活かすも殺すも、自分次第。私自身、振り返ってみると〝強み〟と言えば、そのときそのときの仕事を、「これこそ私の天職だ」と思ってきた〝お気楽さ〟や、向こう見ずにチャレンジする好奇心、テキトーさという柔軟性などを持ち併せていたのかもしれません。

厚かましく周りの力を借りることも大事ですよ。日頃から自分の強みや、特技、実績などをさりげなく、上司や先輩たちにアピールし機会を呼び込んでください。周りは、見ていないようで、自分が思っているよりも『見てくれている』ものです。〝資質〟とは生まれ持ったものを指しますが、それ以上に『開発していく』ものなのです。

そういう意味では、グローバル日本人には誰でもなれるということ。そして、その資質開発の根っこになるものが、〝出たとこ勝負〟の勇気と楽観性なのです。

左遷と降格の人生から、最年少役員に

その人は、一人ポツンと離れていました。箱根で行われた、ある会社の3日間の管理職研修でのことです。

グループ討議が始まっても、彼の周りだけは、暗くて固い壁があり、かかわりのすべてを拒絶するかのようでした。

講師役の私は、少し気になったので、2日目の朝、声をかけてみました。

「どうですか？　昨晩はよくお休みになれましたか？」

「……………」

「同期のみなさんとは、お久しぶりですか？」

「……………」

「普段はお忙しいのでしょうね？」

「あのー、実は、私は左遷された人間なんですよね。ホンネとしては、研修なんて参加したくなかったのですが。ま、サラリーマンなんで、研修に行けと言われたら、逆らえません。というわけで、どうか気にしないでください」

あー、そうですか？　とも言えず、そのまま研修に入りましたが、彼はその日一日、ずっと暗い雰囲気を発し続けていました。

その日の午後、グループ内での話し合いの席でのこと。自分のキャリアを振り返ってみていたときです。

自分の特徴や癖などを知ることは、管理職として大事なこと。そのために、今までのキャリアをずっとたぐって、どんな経験や出来事を経て、今の自分が出来上がってきたか、いわば対人関係の歴史を振り返る実習です。

まず次のような質問に対し、各自、紙に書き出していきます。

「自分にとって最も印象深く、嬉しかった体験は何か？」

「悔しく落ち込んだ体験は何か？」

「自分のキャリアで転機となった出来事は何か？」

「自分に影響を与えた人は誰か？　どんな影響か？」

「今後取り組みたいことは何か？」

「自分が人の役に立てるとしたら、どんなことか？」

「自分の人生を価値あるものにするために、今後何をする必要があるか？」

彼は、すっかり考え込んでいました。身動きもせずに。

と、しばらく経って、突然ものすごい勢いでノートにペンを走らせ始めたのです。30分ほどの『振り返りの時間』に、何枚ものページが埋められていきました。

そしてグループ内でそれぞれの人生を話し合ったのです。

最初は、けん制しがちだったグループの雰囲気も、少しずつ親しくオープンな雰囲気になってきて、みんなの表情が変わってきました。

ちょっといい味の、思慮深い表情へと……。彼も真剣な表情で聞き、話しています。

さて翌日は、研修最終日。私は朝食を終えて、早めに富士山が見える研修室に向かいました。良いお天気です。

そこへ、飛び込んできた人がいます。例の彼です。

「先生（講師の私のこと）、実は、すごいことを発見しました。私、左遷されたって言ってましたっけ？」

「おっしゃってましたよ」

「実は、栄転だったんですよ！　栄転！　栄転！　頑張れば次は役員になれるかも。早く帰って仕事したいんですけど、研修は何時に終わりますかね？」

こう叫ぶ彼に、すぐには付いていけない私。「12時には終わりますけど、どうされたのですか？」と、とりあえず答えると……。

彼は勢い込んで語ってくれました。それは、15分間の感動的なストーリーでした。

入社以来、毎日、毎日、ずっと数字を追っかけてきた。目標は、最年少役員になり、社長になること。その夢の背景には、両親を早く亡くし、貧しくて肩身の狭い思いをしてきた……という彼の家庭環境もあったようです。

とにかく頑張り続けてきた。ところが全国でトップクラスの成績を上げても、罰ゲームのように僻地《へきち》に飛ばされる。

それでも、めげずに頑張って何とか業績を上げてきた。売れるはずがないと言われた製品だって売ってきた。使えない部下も育ててきた。でも結局、都合がいいように使われるばっかりだな。なんて不運なんだ……。

とどめは、今回の人事異動です。今度は、我が社のお荷物事業部へ〝左遷〟ですよ。また罰ゲーム！　今の事業部は、部屋は狭いし、メンバーはやる気がないし、暗い雰囲気が充満している……。

「もう、やってられん！」

そろそろ転職を考えるかな。自分も、潮時かなー。

でもですねー。昨日一日、よく考えてみたら、自分しかこんな難しいことは出来ないよね。さすがだなー、すごいなーと思ったのですね。これは、栄転かもしれない。これをモノにしたら、最年少役員の芽もあるなーと。だから、早く帰らなくっちゃ。もう帰ってもいいですか？

私は、「あーそうですか」とは言いませんでした。

「せっかくだから、これからのプランをしっかり考えてください。富士山を見ながらの方が、きっといい考えが浮かびますよ」

こう答えると、彼はうなずいて、午前中いっぱい、またノートにたくさん書き込み、周りのみんなとも、存分に話し合って、元気よく帰っていきました。

半年ほど経ったある日、その彼からメールをいただきました。長い長いメールでした。

職場に戻った翌日、チームメンバー全員を集め、自分の想いをぶつけたそうです。

「自分のすべてを賭けて、この分野に挑戦してみたい。だからぜひとも、みんなの力を貸してくれ！」

と、頭を下げてチームメンバーに頼んだとのこと。

驚きはここからです。やる気のない部下たちは、実はすごく有能な人たちだったようです。みんな目の色を変えて頑張り出したのです。

そのとき、上司が思ったようにしか、部下は動かない……という、大変シンプルな事実に気づいたそうです。

人は、思ったようにしかならないし、思ったようになるのも人間だ。ならば、そうしたいと強く願い、強く思うことが大事だと。

お荷物事業部は、少しずつ業績が上がり始めたとのことです。最年少役員になれる日も近いことでしょう。自分でつかみ取った熱い人生論でした。

〝枠〟にとらわれないから無限に上昇できる

〝気づき〟の根本は、自分の能力の限界をつくっている〝枠〟に気づくこと。〝枠〟とは、多くの場合、ネガティブな自己イメージです。

人は、イメージした通りに自分を持っていきます。肝腎なのは、そのイメージは取り払えるものだと気づくことです。

私たちは、無意識のうちに、いろいろなフィルターで世の中を見ています。〝気づき〟とは、そのフィルターの存在に気づくこととも言えます。

あ、そうだったんだ。自分がそう考えるから、そう見えただけ。

能力の限界とは、自分が頭の中に勝手に「ここまで」と線引きしたもの。「ダメ」と思えば力が出ない。「出来る」と思えば人は「やる」のです。

真実とは、実にシンプルです。

第5章

脱『グローバル引きこもり』

根拠のない自信こそが自分を支える

「第一印象は、何をえらそうに言ってるんだ、このお兄ちゃんは……でしたね。言うことすべてがおかしいんですよ。だって会うなり『僕は天才です!』とか、『世界制覇したいんです。だから御社の看板商品を独占契約させてほしい』とか、卸してもらう立場なのに、ひどい大風呂敷で、常識から外れた話ばかり。こっちは商売繁盛で大忙しだから、適当に聞き流して、追い返そうと思いました」

これは、あるゲーム会社の専務(当時)が語る、三十数年前の孫正義さんとの出会いの思い出です。追い返すつもりが、昼過ぎから夜8時まで延々聞き続け、警戒心はいつしか「この人を信じてみよう」という気持ちに変わったと言います。そして当時の代理店の契約をすべて排除して、孫さんの会社と独占契約を結んだとのこと。

この話からさらにさかのぼること10年、今から40年ほど前、その頃から孫さんをバックアップしてきた日本を代表する半導体メーカーの役員は、こう語ります。

「中央研究所所長の僕のところへ『音声付電子翻訳機』を風呂敷に包んで持ってきた

んだ。商品のクオリティも高かったけど、ただものではないと感じたのは、じっと一点を見つめるその目の力。技術者としての自分の第六感のようなもので、彼をホンモノだと確信した。私には思いもつかない世界規模の大法螺《おおぼら》（苦笑）を語る彼のあの目を見たら、これに賭けなきゃ、ビジネスをやっている意味がないなという気になった」

まだ売り上げが100万円とか200万円だった頃から、「将来は1丁2丁を扱う豆腐屋精神で、1兆2兆を扱える会社にしたい」と言い続けた孫さんは、確かに、〝根拠のない自信〟に満ちた、ハッタリ屋にも見えたことでしょう。

しかし、そこには、志があり、夢があり、部下に「脳がちぎれるくらい考えろ！」と言い続けた妥協のない強い姿勢があり、そのことに多くの人が惹きつけられ、支援されてきたのでしょう。ソフトバンクは、本当に2兆円企業になりました。

志があれば、自信に根拠は要らない。根拠のない自信こそが、自分を支えるもの。だから命を賭《と》しても頑張れる。

若い頃、坂本龍馬に憧れた孫社長は、今日も背筋をぴんと伸ばし、世のため人のために〝地球の裏側を見通すような瞳〟で世界ナンバーワンを目指して邁進《まいしん》しているのですね。

!!「自分は運がいい」と思える人ほど成功する

出来るビジネスマンは、堂々としている。少なくともそう見えます。

私はその理由を、エグゼクティブコーチングをしてきた中で見つけました。

エグゼクティブコーチングとは、企業の経営者クラスと、月に一度程度お会いして、対話をしながら、いろいろな課題を一緒に整理するもので、私の役目は、『積極的に聞くこと』に尽きます。

企業のトップともなれば、今後の戦略をどうするか？　不採算部門をどうするか？　海外進出をどうしようか？　後継者人事も頭が痛い問題……などなど、考えることだらけの毎日です。そして、どのトップも、誰にも話せない〝悩み〟を抱えています。孤独の中でマネジメントし続けるのは、トップの宿命です。

私は、質問をしながら、トップの頭の中を整理するお手伝いを進めます。どれくらい突っ込んだ質問をするか、あるいは、次々と関連質問をして、その人が意識していなかった深層を引き出してみたり、見えているようで見えていなかった課題を引き出せるかどうかが、腕と言えば腕でしょうか。

話は、幼少時代や小学校、中学校などの話題にも及びます。今の自分をつくっているのは、自分の対人関係の歴史なのですから。

そして、多くのトップの共通した〝癖〟は、「自分は運が良い」と思い込んでいること。客観的に聞くと、決して運が良いわけではないことでも、本人は「運が良かった！」と思っているのです。

根拠のない自信を持っているのは、今の時代のビジネスの成功者に共通している特徴かもしれません。

「なんでアンラッキーが続くんだと思うことも、たまにあるんだけどね。こちらにあがってくるのは、悲観的な材料ばかり、周りがみな、敵に見えてしまうときだってなきにしもあらず。そういうときはね、無理にでも、『今こそ勝機だ。なんてラッキーなんだ！』と声に出してみるんだよ。そうすると不思議に、幸運の女神みたいなものが、舞い降りてくるんだねー、これが！」

これは、多国籍企業で、さんざん修羅場を経験してきた経営者の言葉ですが、まさに根拠のない自信そのものとでも言いましょうか。

「出来る気がする！」その自信が周りを惹きつけている感じがするとも言えます。

パナソニックの伝説的創業者である、松下幸之助さんは、自分には3つの〝運が良いこと〟があったから成功した、と常々語っていたそうです。

①貧乏、②学歴がない、③健康でない、この3つのお蔭だと。

貧乏から、せめて腹いっぱい食べたいと〝働く意欲〟をもらった。無学歴から、〝他人の知恵を活用すること〟を学んだ。健康でないから、〝他人に仕事を任せた〟。だからここまで成功出来た……。

こういう感慨こそ、自分は運がよいと思うお手本ですね。

!! なりたい自分になる3つの原則

私の心の師の一人である、ウィル・シュッツ博士は、アメリカ心理学会のカリスマで、個人の能力開発理論で有名な学者です。

彼は、人が〝なりたい自分〟になるためには、いくつかの条件があると言います。

能力開発の基本原則として紹介している中で、最も大事なこととして挙げている条件は、次の2つ。

①自分の真実を知る

変化に満ち満ちたこの時代、私たちは日々いろいろな新しい経験をしています。しかし、何を本当に経験したのか？　真実をしっかりと受け入れることが出来ないと、〝経験〟の意味がありません。特に、『うまくいかなかったとき』の経験について考えるのは、とても大事なことです。

「みんな、やる気がないんだよな。こんなチームで業績を上げろって言われてもね」

「うちの管理職はバカばっかりだ」

「あの客は、いつも文句ばっかり言う。モンスター・クレーマーって、ああいう手合いを言うんだよね」

周りに腹を立てて攻撃的になっているとき、ホントに腹を立てている〝相手〟は、上司でも部下でもお客でもなくて、自分かもしれないと気づくと、スッと状況が整理出来ます。「なんだ、自分が自信をなくしていただけなのだ……」と。

ときには、『自分が自信を失っていること』を認める勇気も必要です。

②起こったことを、どうとらえるか

運命のいたずらとしか思えないことを受容するのも自分の選択。選択の余地がないことを受け入れるのも自分の意思。そして自らの意思で積極的に選択するのも、また自分の選択。

人生は、すべて〝自分の選択〟の連続なのです。

私は何度か、サンフランシスコ郊外で開催されたウィル・シュッツ博士のワークショップに参加したことがあります。10名ほどの心理学者やコンサルタントたち、つまり、その道のプロたちと、彼を囲み、文字通り寝食をともにしたトレーナーズ・ワークショップです。

毎回2週間程ですが、朝8時から夜中の2時3時まで、毎日議論の連続。それは人生を、自分を、自分の愛する人々を考え続けた日々でした。そしていろいろなことに気づかされました。

アメリカ人の女性は、こう問題提起します。

「私の娘がこの前レイプされた。これは自分の選択だろうか？」

スウェーデン人の女性は、

「私は実の親から性的虐待を受けてきた。これも自分の選択？」

別の若いアメリカ人女性は、

「私も、この前レイプされたんだけど」

別の若い男性は、

「先月、父親が銃乱射で殺されたのは、自分の選択？」

そしてまた別の男性は、

「僕はゲイです。でも、自分でゲイになろうと決めたわけではない」

あまりに生々しい話題で、平和な日本から来た私は、最初、声も出せませんでした。

でも、議論白熱。何日も夜を徹して、各自の人生を話し合いました。

結局、たどり着いたのは、「答えは、その人の中にしかない。どう考えるかも、自分の選択」ということ。

2週間後、ワークショップが終わるとき、「私は、もう過去を引きずることを止めた。自分の人生だから」と言って帰っていった、女性コンサルタントのすっきりした表情は、今も忘れられないくらい印象的でした。

③ぶれない『セルフエスティーム（自己評価意識）』を持つ

「人間とは『人と人の関係性』の中に存在しているもの」

これは哲学者和辻哲郎さんの名言です。近代西欧の個人主義に反論し、人間は本来〝世の中〟に存在することで自分がある……としたのが彼の考え方。

人間関係がぎくしゃくするとき、そのほとんどの原因は、自分にあります。自分のメガネに〝不安〟という曇りを持ったまま周りとの関係を見るからでしょう。ですから、人間関係を変えるには、まずは自分のメガネから〝不安〟という曇りを取らないといけませんね。

では、不安を取り除くには、どうすればいいのか。それは、自分の『セルフエスティーム（自己評価意識）』をいつも大事にすることです。

シュッツ博士によると、ぶれないセルフエスティームを持つための3つの要素は、以下の通り。

●自己重要感＝自分を大事に思い、他者から必要とされていると感じる気持ち。

●自己有能感＝やろうと思ったことはやれるといった、自分の能力への自信。
●自己好感＝自分への温かい気持。長所も欠点も含めて、自分を好きと思う気持ち。

この『セルフエスティーム』の3つの感情は、人種や年齢男女を超えて、人間なら誰もが持っていたいと感じる基本的な欲求であり、対人関係の中で、無意識に人が持つ自己評価意識とされています。そして、この自己評価が、他者への感情、対人関係につながるとしています。

●他者重要感＝人を大事に思う気持ち。自己重要感がベース。
つまり、自分を大切にしてこそ、初めて人を大切に出来るのです。
●他者有能感＝人の能力を認める気持ち。自己有能感がベース。
つまり、自分に自信が持ててこそ、初めて人の能力を認められるのです。
●他者好感＝人を好きであると思う気持ち。自己好感がベース。
つまり、自分を好きだと思えるとき、初めて人に優しくなれるのです。

自分への自然な感情の発露は、相手との関係を変えます。つまり自分への感情こそが、対人関係を変えるのです。たとえ見知らぬ外国であっても、転職したばかりの新しい会社に出社したときであっても、自分の価値は下がることはない……と自己重要感を保っていれば、相手を尊重し、配慮を持って接することが出来るのです。

そして、やろうと思ったことしか出来ないのが人間。出来ると思ったら頑張れるのも人間。自分より能力のある部下に対しても、ぶれない自己有能感が保てれば、自分より有能な人を活かし、任せ、結果を出す支援行動につながります。

さらに、自分自身に温かい気持ち、自己好感が持てているときは、オープンに伸び伸びと周囲の人々と楽しい関係をつくれるし、芯から満足を感じながら過ごせているものです。

次に、これらのことが一瞬にしてわかる簡単な実験を紹介しておきましょう。

人間関係の仕組みが体感出来ることに、きっと驚かされることと思いますので、ぜひトライしてみてください。

人出の多い場所（たとえばラッシュ時の新宿駅構内など）を歩くとき、

「自分は全く重要な存在ではない。有能ではない。自分を好きではない」とイメージしながらしばらく歩いてみます。

そして次は、

「自分は大切な人間である。有能で役に立つ人間である。自分を好きである」とイメージして歩いてみます。

プラスのイメージで歩くときと、マイナスのイメージで歩くときの、驚くほどの違いを体感していただけると思います。それは、目に映る人間模様や人生の色が変わるくらいの大きな違いです。

人生を、具体的には対人関係や自分のモチベーション、キャリア、さらには健康までも劇的に変えるのは、セルフエスティーム（自己評価意識）であるとシュッツ博士は言い切っています。

「過去どんな生き方をしてきたか」がセルフエスティームの根っこに存在しており、ポジティブな自己評価意識を育てるには、時間をかけて自分と真剣に向き合い、自己の再構築を図ることが、とても大事です。

一方、自己イメージを、ぽんとプラスに変えることで、世界が一瞬にして変わり、行動が変わり得るのも事実です。

難しそうですか？　そんなことが出来たら苦労しないって？

ところが、実は、本当にシンプルに出来るのです。たとえば、毎朝、自分に次の3つのシンプルな呪文を言い聞かせてみましょう。


「自分は職場で必要とされている」

「自分は出来る。自分の出来ることをしっかりやるしかない」

「（自分の好きなところを3つ挙げる）それは人からも愛されるところ」


こう自分に言い聞かせると、不思議に気分が落ち着くものです。良い意味での自己暗示とも言えます。自分に対するポジティブなイメージを持つことだけで世界が変わるなら、トライしてみる価値があると思いませんか。

これは、ぜひ紙に書いて机の前に貼っておいてください。

第6章

世界で勝負できる"日本"

シマノはまさに世界的〝プロデュース企業〟

シンガポールという国は、本当に小さな国ですが、世界の中で自分たちにしか出来ないことは何かを真剣に考え、そのための教育に力を注いでいます。

日本は資源や材料を買ってきてそれを製品化するという『加工貿易』で発展してきましたが、シンガポールは、情報や知識を仕入れ、それを相手のマーケットに合った製品コンセプトにして売るという、いわば21世紀的な『加工貿易』をしています。

それを世界中に張り巡らされた華僑のネットワークを上手く使って、迎合もせず、適度な距離を保ちながら、ビジネスに仕立て上げていく。交渉事も洗練され、英語、中国語など語学にも達者……これがシンガポール人の真骨頂です。

このマーケティング力を実に上手く使っているのが、世界ナンバーワンの自転車部品メーカー「シマノ」です。

創業90年、大阪・堺に本社を置く自転車部品や釣り具の会社。本社で開発を担当しているのは、みんな職人魂バリバリの技術者たちです。

開発が大好きで、最先端の技術にしか興味がない。スティーヴン・スピルバーグの映画『E・T・』に出てきた空飛ぶエアバイクのようなものを、本気で作ろうと研究している人たちです。そのために空気抵抗の少ないギアをどうやって作ろうかと本気で考えている「これぞ匠《たくみ》!」という日本のスピリット満点のチームです。

そのシマノの考え方はこうです。

・自分たちは、技術開発には長けているが、商品化したり、世界的に売る仕組みや仕掛けは得意ではない
・ならば一生懸命努力して自分が出来るようにする……ではなく、得意な人たちを見つけ、そこに任せればよい。グローバルな役割分担をすれば良い
・任せたらそこには口を挟まない
・ただし、どこに何を任せるかは、自分たちが決める

これぞ、私が先に指摘した日本人の美質のひとつ、『プロデューサー的能力』ではないでしょうか。

自分たちは、得意で好きな匠の技・技術開発に勤《いそ》しみ、それを広めるために他の力を使うのです。儲けるために、日本人が儲け方を学ぶより、儲けることを考えるのが得意な人と組む方がお互いの利益になるのではないか？　と考えているわけです。

異なるバックグラウンドを持っている人たちが、それぞれ〝異なる〟強みを活かして全体の業績向上に貢献する、ということ。

いわゆる『ｗｉｎ－ｗｉｎ』。勝ち負けではなく、みんなが勝者です。自分も他人もハッピーになれる。勝ち負けや優劣を競うのではなく、切磋琢磨しながらも、それぞれが得意分野でチームに、組織に貢献する、ということ。

日本人は、その勤勉さ、真面目さ、穏やかさと、規律正しさ、懐の深さ、つまり、国境を越えてグローバルに信頼される資質を、〝世界のプロデューサー〟として発揮すべきときなのです。

「イオンDNA伝承大学」による愛社精神

小売り最大手「イオン」では2012年9月に、「イオンDNA伝承大学」をスタートさせました。

100社を超える企業と合併を繰り返し、国内外200社、総勢35万人の社員を擁するグローバルな大グループとなった今、それはまた、創業期を知る現経営陣が引退を迎える時期にあたっているという認識が生まれました。

そこで、次世代の人々に伝えるべきものを伝え、さらにその次に伝承していく必要を痛感し、リーダー育成を目的にした教育機関を立ち上げたわけです。

「教育は最大の福祉」と言い切るイオンは、古くはオカダヤ・マネジメントカレッジから、ジャスコ大学、そしてイオンビジネススクールへと、社員教育の充実に力を入れてきた会社ですが、企業DNAを前面に掲げ、さらに対象を全地球社員としたことは大きなエポックでしょう。

その「イオンDNA伝承大学」は、国内外の全従業員に公募、広く門戸を開いて、その中から年間40名という、まさに中核人材に、自社の〝遺伝子〟DNAを伝えていこうという教育システムです。

そこには、岡田屋の創業精神から始まり、エポックになった出来事、主要な意思決定、ジャスコ時代からグローバルイオンに至るまでの成功体験や苦い経験も含めて、所属する組織の『生き方・あり方・仕事の仕方』を、国内外35万の社員たちに、しっかりと伝承していくことを目的として掲げられています。

現社長の岡田元也さんも講師の一員として語り部となります。彼の父でジャスコ創立者、岡田卓也さんはオーラ溢れるカリスマ経営者で、日本の小売り業界では、ダイエーの中内㓛さん、イトーヨーカ堂の伊藤雅俊さんと並んで、草分け時代の英雄とされた大物です。

「イオンの歴史は、合併の歴史！」と言い切り、数々のM&Aを成功させながら会社を発展させてきた人。90歳近い今もお元気で、社会福祉活動に打ち込み、途上国など世界中を駆け巡る伝説の経営者です。

一方、息子の元也さんは、米国留学をしたクールで論理性の高い、少し偏屈で（ご本人の言葉）シャイな紳士です。イオンのグローバル化の陣頭指揮にあたって既に10年近くになり、60歳を少し超えました。

自身も、総合スーパージャスコ（当時）で新茨木店の店長を務めた頃は、日々、顧客接点で、寝る間もないほどの激務に、最後は眠くて椅子からずり落ちても頑張った武勇伝をお持ちです。イオンの店長は血尿が出るまで頑張って一人前と言われた時代でした（今では女性店長も多数輩出、社風もずいぶん変わってきたようですが）。

すべてはお客様のために……という社是を体現してきた現経営者が、引退する前に、イオンの理念や価値観を、DNAとして体内化させるべく語る。彼とともに、発展期を支えてきた経営層が、また言葉を変えて語る……。

これは「教育は最大の福祉」と掲げる同社ならではの試み。そしてじっくりと愛社精神を育んでいくのです。さらにそのDNAを、日本人だけではない、中国やASEAN諸国も含め、グローバルイオンの次世代の若者たちに伝承していくことを、大きな挑戦課題としています。2013年度には過去最高の1500人の外国人を幹部候補として採用育成する方針の同社が、人材育成こそが、グローバルでもトップ10になるための決め手と考えていることがよくわかります。

〝火消し〟の精神を忘れない損保ジャパン

最近、日本興亜損保との合併（2014年上半期予定）を公表し、日本一の損害保険会社となる「損保ジャパン」は、金融業界としては、珍しく（？）明るい社風を誇る損保会社です。

「お客様にいかに喜んでいただけるか」を目標に、「困難の先にある新しいことにチャレンジする」「挑む、DNA」「LEAD & CHALLENGE!」といった勇ましい言葉を、社内のあちこちで見かけます。

「安心・安全」を届ける損保会社の背景には、災害現場に真っ先に駆けつけて消火にあたった〝火消し〟の精神があるとのこと。

ルーツは、1888年に誕生した「東京火災」。この東京火災は国から唯一認められた日本初の私設消防組であったとお聞きしました。「すわっ！　火事だ！」というときに、真っ先に駆けつけるのが消防隊。火消しの心意気です。

2011年の東日本大震災では未曽有の規模の被害に際し、これを創業以来の大試練と受け止め、全社を挙げて全力で挑戦。2か月後には申請件数の80パーセント超の支払いを実現したばかりか、請求もせず連絡もないお客様のところには一軒一軒社員が訪問し、きめ細かに支払いを行い、予期せぬお金を受け取った被災者のお客様から、涙を流して喜んでもらったとのこと。

これぞ、〝火消し〟の面目躍如ですね。

入社直後で研修が始まったばかりの新入社員全員を含めて、全国から3000人以上の社員を動員し、会社を挙げて挑戦したこの取り組みは、まさに同社の「挑む、DNA」の実践そのものです。

その中心には、企業遺伝子（DNA）を再発見し、明確にし、伝えていくべきDNAを現社員に的確に伝え、次世代に教育していこうとする〝トップ〟の意思があり、若手に自らの手でパスを送る〝中間管理職〟がいることを忘れてはなりません。

そしてそういったサポートを得た若手が、既成の枠にとらわれず、自由に奔放に、活躍していくことで、世界に伍していく強い会社となっていくのです。

和菓子の心でグローバルビジネスマンに

私の敬愛する先輩の一人に、在米四十数年になる関西出身のグローバル人がいます。多くの日本人経営者たちの〝知恵袋〟として、文字通りのグローバル先駆者です。

彼の強みを分析してみると、

①専門性が高い

②英語と、こてこての大阪弁の完璧なバイリンガルである
③世界規模の人脈を持つ
④強いインパクトを持ちながらも目が温かい
⑤和菓子について熱心に語ることが出来る

特筆すべきは⑤。レストラン業界に詳しく、もちろんグルメで、大のワイン通でもある彼が、「とらやの羊羹《ようかん》」「鶴屋吉信の京観世」「銀座あけぼののもちどら」、お母さんの「手作りおはぎ」を語る熱意には驚きます。

20歳で意を決して渡米する前に茶道を習い、お点前《てまえ》もなかなか鮮やかな彼曰く、「和菓子には、日本の心が詰まっている」とのこと。

あれだけ手が込んでいても、控えめで派手に主張しないところが、自分の心にかなうそうです。

そして、彼のモットーは、「integrity（誠実）」「excellence（卓越）」「humility（謙虚）」の3つ。和菓子には、その3つを感じるのだと言います。

一保堂（京都寺町二条のお茶の老舗）の煎茶と、和菓子をいつも鞄に詰めたグローバルビジネスマンは、今日も世界のどこかで活躍中です。

また、16世紀創業の有名な和菓子の老舗「とらや」さんでは、時代に合わせて味を工夫し、少しずつ変えているとのことです。

和菓子は〝五感の総合芸術〟だそうです。五感とは「視覚、聴覚、嗅覚、触覚、味覚」。「四季を思い起こさせる姿、菓子銘の響き、ほのかな香り、楊枝《ようじ》で切るときの感触、そして豊かな味わい」を繊細に重ねていくもの、とのこと。それを〝まごころ〟をこめて作り〝おもてなしの心〟で販売するのですと、実にカッコ良くまとめてくれます。これぞまさに和の心ですね。

これはいい話だと日頃から思っていた私は、これを、ある大手メーカーのシンガポール現地法人社長にお話ししました。

「まごころをこめて作り、おもてなしの心で販売するとは、泣かせるね。それこそ日本のメーカーの哲学そのものだよ」と深くうなずいていました。日本の製品が、現地で信頼されるにはまさにそのふたつ、といつも部下に話してきたとのこと。今では彼が育てた部課長が、東南アジア一帯をおもてなしで走り回っているそうです。

海外駐在員のお土産には、海苔《のり》よりお茶より、栗饅頭《くりまんじゅう》に蒸し羊羹、三笠山饅頭かどら焼きが喜ばれ、持ちよりパーティには、手作りおはぎが一番人気でした。〝まごころ〟と〝おもてなしの心〟を感じながら食べていたのでしょうか。
グローバルに仕事が出来る部課長が、和菓子を好む理由がわかった気がしました。

〝根回しの達人〟が世界で成功する

大手プラントで活躍するトップマネジメントの一人Fさんは、技術者出身ながら経営にも明るく、若手にもファンの多い素敵なジェントルマン。若い頃から海外プラントに数多く携わり、南米ではブラジルやアルゼンチン、イラクをはじめ中近東諸国、アジアではインドネシアなど、政情が不安定で難しい場所を渡り歩き、苦労された経験をお聞きしたことがあります。その後北米の総責任者を無事務め帰国、今では、本社エリートがひしめく中で、絵に描いたような有力な次期社長候補の一人です。

この人の得意技は、なんといっても『根回し』。英語でも「NEMAWASHI」となっていて、辞書には、〈ロビー活動とは違った日本独特の風習〉と書かれています。

交渉事や会議の前、大事な意思決定の前には、あちらこちらに出没し、そこら中にもぐり込み、根回しに奔走する彼の姿を目にします。いわゆるロビー活動との違いは、

“志《こころざし》”を持っているかどうかでしょうか。決して政治的に優勢に立つためだけではないと彼は言います。

Fさんに『根回し』成功の秘訣をいくつかお尋ねしてみると……。

まず大事な初めの一歩は、相手に「仁義を切る」こと。ことをなす前に、関係者、先任者、関連部署などに、挨拶をすることから始めるそうです。これは「相手を大事に思っていますよ」という表明。

それから「ちょっとお時間をいただけますか？」と、賛成派、反対派、中間派、無関心派にも、まめに根回しをかけること。相手の意見を拝聴し、コミュニケーションを重ねていくことで、大事な人たちの「顔を立てて」「意思決定に巻き込んで」「今後のサポートを頼んで」「味方にしていく」のです。

ときには、目指す相手、X氏に根回しをかける前に、2～3人に「今度Xさんと話をしますよ」という『根回しの根回し』も忘れないとのこと。

Fさんは、『志（=ビジョン）』『誠実』『率直』の3つがあってこその根回しであり、『急がば回れ』がコツと言い切ります。そして、一見無駄に見えるこのような関係づくりがあってこそ、実行段階になると、みんなが「気持ちよく力を貸してくれ」たり

「後押しをしてくれる」そうです。

南米でも、中近東でも、東南アジアでも、アメリカでも、もちろん日本でも、人情の機微《きび》は、「基本、同じ！」と言い切る彼。

Ｆさんが、アメリカでの大型Ｍ＆Ａを成功させたのは、折から東南アジアの大型投資が焦げ付いて喘《あえ》いでいた、同社の起死回生のエポック。その過程での苦心の根回しストーリーをお聞きしたことがあります。

自社の役員一人ひとりに、また、関係事業部の部長クラス一人ひとりへ、相手側では大物株主や十数名の副社長クラスたちへと、積み重ねた根回しの数々。

誰からも、至難の業と言われたこの交渉事に、利害が正面衝突する曲者《くせもの》揃いの大物たちを上手く巻き込んでいった苦心談には、薩長同盟を取り持ち、大政奉還を成功させた坂本龍馬のような志を感じました。最後は、双方から「このＭ＆Ａこそ、我が社の将来に必要！」と一致団結させて会社の危機を救ったのです。

誠実に率直に、真摯な態度で、ときには無駄？　と思うくらい手間と時間をかけて、あるときは立ち話で、あるときは、会議室の隅っこで、またはホテルのバーで、ときに自宅まで押しかけ、臨機応変に根回しをかける彼のお蔭で、同社は、創業以来の危機を乗り越えてきたとのこと。企業戦士は志士でもあることを教わりました。

古くて新しい日本のお家芸、『根回し』は、グローバルな時代にもとても有効なようです。日々変わることが当たり前の今日では、変化・変更に、関係者みんなの同意を得ることは、非常に大事なこと。関係者同士の『コンセンサス（合意納得）を得た意思決定』は、創造的かつ無駄が少なく、結果に納得性が高く、その後の実行段階で、『お仕着せの意思決定』と大きな差が出てくる、非常にシナジーの高いものです。

とは言え、利害が衝突しがちな中で、全員が納得する結論を会議で出すことは、至難の業。永遠に話し合っても多分難しいでしょう。ですが、事前に、影響力の高い人たちに『根回し』をすることで、不可能を可能に出来るものです。

根回しを「日本独特の古くて悪しき慣行である！」と思っているとしたら、それは大きな間違い。関係者に上手に根回しが行われたときには、とても円滑、平和にコンセンサスが得られ、その後もみんなからサポートを得られるものです。会議では、「もう決を採るだけ」という効率の良い方法でもあります。

よく「そんな話、俺は聞いていない！」と怒る人がいますね。それは、決して「顔を潰された！」云々のワガママではなく、事前に聞いていたら、「それなりに自分の意見も言えたはず」だし、「関係者の一人として意思決定に貢献出来たのに……」という自然な腹立ちなのです。

ちょっと耳打ちでもしておいてくれたら、相談してくれていたら、たとえその人の意図と違った結論になっても、抵抗は少ないもの。誰しも、自分もその結論に「参加した」と思えることが大事なのです。

洋の東西を問わず人間集団では、こういった人情の機微を十分に知っておくことが大事です。

「仕方ない」は、究極のポジティブ思考

東日本大震災で何もかもなくした人たちが、寂しそうに微笑みながら、「仕方ないね……」と言う姿には、本当に胸が痛みました。

「こんな大変な事態になってしまったけど、起こってしまったことを、嘆いてばかりいても仕方ないね。また、一からやり直そう。それしかないね」と、復興に立ち向かっていった人たちの姿に、胸を打たれたものです。

決して投げ出したりせず、ここは我慢しないと「仕方ない」。起こってしまったのだから、泣き叫んでばかりいても「仕方ない」。つらいけど、前を向いていくしかない……。

原因究明も責任追及も大事だけれど、東電や政府の責任ばかりあげつらって嘆いていても、自分の生活は、取り戻せない。事実を受け入れ、柔軟に適応し、アクションを取る。東北の人々の、淡々となすべきことに立ち向かっていった姿は、世界を驚かせ、感動を呼びました。

日本人の美質、最後の切り札は、「仕方ない」です。決してあきらめだけではなく、少し前向きに「仕方ないね」と語る姿は、私たち日本人のみんなの気持ちでもありました。

アメリカ人の友人たちにどうしても通じなかったのが、この「仕方ない」のニュアンス。ギブアップではない。お手上げで、投げ出すこととは全く違う！

震災後、「仕方ない……は日本の知恵、究極のポジティブシンキングなんだね」と、海外の友人たちからメールをもらったのも印象的でした。

日本人は、謙虚な物言いで表現しているので、一見ネガティブに聞こえるかもしれませんが、「仕方ない」という、素晴らしい言葉を持っています。

「私たちはこんなポジティブシンキングを持っている」と、改めて自覚することが、大変なときに勇気を与えてくれるのかもしれません。

『K（勘）・K（経験）・D（度胸）』で世界を動かす

グローバルビジネスパーソンと言えば、まず筆頭は商社マンでしょうか。友人の一人に、絵に描いたような商社マンがいます。

長くＮＹやシカゴ、ロスアンゼルスなどに駐在していた米国通。今は所属する会社を動かす経営陣の一人です。ハーバードのＭＢＡで、アメリカの経済界や政界にも強力な人脈を持ち、情報は、マスコミや日本政府より早い。何よりスタイリッシュでカッコいい！　私のボーイフレンドの中でも、一、二を争うイケメンオジサンなのです。その彼に、商社マンの出世の秘訣は何か？　を尋ねたことがあります。

「ＫＫＤだね」

「……？」

「勘と経験と度胸だよ」

「それって、ハーバードのMBAが言うと意味深だよね。もともとは、いい加減ってことじゃないの？」

MBAならば、マーケティングや経営分析などはお手のもの。しかし『MBAが会社を滅ぼす』（ヘンリー・ミンツバーグ／日経BP社）という本には妙に説得力があったのも事実です。

「科学的管理法は、当然勉強しないとね。でもその上にあるのは、KKDなんだよ」

「基本、商社は情報合戦だし、どれが使える情報源か？ どれが事実に近いか？ というのは、勘だね。それから日本商社は属人的な仕事の仕方だから、アイツは出来る！ とみなされないと、仕事も情報も予算も回ってこない。そこで、いろんな動きをサッと見て状況を把握するのです。社内でも、社外でも、周りの動きを見てぱっと状況を見てとるわけだね」

「そして、その勘を養うのは、経験であります。経験を自分の肥やしにすることが大事だけどね」

「最後は勇気！ リスクも承知で、勇気凛々《りんりん》、日本を背負って、数百億のビジネスを決めるのです。以上、商社マンの出世の秘訣は、ＫＫＤでした」

少しお酒を飲みながら、冗談めかして話してくれた、商社マンの出世、究極の秘訣でした。

『Ｋ＝勘』とは、インスピレーション。猛烈なスピードで動く数百億の交渉事を抜群の勘で仕切っていきます。

『Ｋ＝経験』はノウハウそのもの。『経験を肥やしにする』とは、体験したことが自分の〝引き出し〟に蓄積されており、いざというとき、サッと取り出せるようにしていること。そしてその引き出しの中味が、スーパー商社マンの宝物、ノウハウです。

『Ｄ＝度胸』は、勇気であり、決断力です。意思決定のタイミングを逃すことは、最大の罪。リスクも計算しながら、最後は度胸で意思決定します。

つまり、現場での実行力とマネジメント力の肝腎な要素がＫＫＤなのです。いずれも、知識・経験という知恵のかたまりの上にある、絶妙の技だと言えるでしょう。

ＫＫＤは、日本人だけのものではないかもしれませんが、直線的に考え、論理的に主張することを訓練されてきた欧米型とは対極にある〝柔軟思考〟です。そういう意味では、きわめて日本的な行動システムかもしれません。

時代が猛スピードで動いている今日では、正解は、ひとつではなくなりました。ときによって、状況によって、立場によって、正解は、以前と真逆に変わる方が普通になったのです。

スーパー商社マンの絶妙なＫＫＤは、『修羅場をくぐってつかみ取った勘・経験知からくる勇気』です。ＫＫＤを使いこなしながら、複雑で猛スピードで動くグローバルビジネスを楽しむことですね。

将棋で磨く直感力

直感力を磨く方法として、通算獲得タイトル数歴代1位、２０１2年には、最速・最年少で１２００勝クリアなど、将棋棋士として数々の偉業を達成している羽生善治さんが実践している方法を紹介してみましょう。

『直感』と『読み』と『大局観』。棋士はこの3つを使いこなしながら対局に臨んでいる。これはグローバル時代のビジネスマンに求められることと、見事に同じです。

彼は直感力とは、「経験の積み重ねから自然に浮き上がってきたもの」と、シンプルに定義しています。

名人ならば「ひとにらみ2000手」の世界のひとつひとつの場面で、あらゆる可能性を考え、同時に全体を俯瞰し、何となくこの辺が急所ではないかと直感的に選ぶ。目をつぶってあてずっぽうにくじを引くようなものではないし、突如湧くものでもない。それまで努力して習得してきた『知識や経験を総合したプロセス』であり、簡単に身に付くことではない。しかし『直感力は鍛えることが出来るもの』と、心強いメッセージを送ってくれています。

朝の9時から始まって深夜の12時、ときには2日間、昼と夜の1時間ずつの食事休憩を除き、数十時間をかけて、ひとつの勝負がつく。それを何十年も続けてずっと勝ち抜いてきた、歴戦の勇士ならではの〝羽生流〟直感力。

彼の言う「鍛える方法」とは、グローバルに普遍的なもので、我々にも、とても参考になるものです。

①直感は、いろいろな経験を積めば、黙っていても自然に醸成されるもの。しかし経験から何を取捨選択して学び取れるかが肝腎。自分の価値観や好みを知り、さらに多様な価値観を持ち、幅広い選択が出来るようにすること。

②何も考えない〝空白〟の時間を持つこと。気分転換の趣味や散歩でもよい。それが〝集中〟をつくる。

③集中するために空白の時間から、ゆっくり海の底に潜っていくように徐々に集中する。段々その時間を長くする。これを繰り返しながら、集中の時間を長くしていく。

④集中力を鍛えるには、熱中できるゲームでも、ジグソーパズルでも、自分が集中して長く出来る課題をこなし、集中力を鍛える訓練をする。それを繰り返して集中力が長く保てるようにする。

⑤他から学ぶ。同世代の良きライバルと切磋琢磨し、台頭する若手からも学ぶ。書店に行っていろいろな本を眺め、本を選ぶ。そして本を読む。

⑥未来について不安ならば、不安になる要素を書き出してみる。事実と、予想や仮説に分け、時系列で整理してみる。全体像が見えたら、今必要なこと、しなければならないことを考えればよい。

⑦やる気が起きないときは、ときにはあえて〝底を打つ〟まで自分を放置する。思うに任せない状態や、不利な戦況でも受け入れて対応する力を養うためには底を打つことを恐れない。

⑧結果に一喜一憂しない。その状況にどう対応するかを考える方が大事。ツキを超越する地力を身に付ける。

⑨武術の達人のように、相手の力を借りて勝つことを考える。

⑩いろいろなことに興味を持ち、素人のように考え、玄人として実践する。

どれも、半端なことではありませんが、行間に、不世出と言われる天才棋士のストイックな生き方と哲学がうかがえます。そして、直感力とは、日々考え抜き、真摯な生き方を身に付けて良い習慣にしている中で、勝ち取ることが出来るものなのでしょう。

先行きが見えず不確実な中でのビジネスは、少ない情報で意思決定をすることがどんどん増えてきます。立場が上になればなるほど、素早く難しい意思決定を迫られるケースが増えてくるでしょう。

そのために、若い頃から少ない情報で状況判断し、意思決定をする訓練が絶対に必要です。組織も人も、生きている限り意思決定の連続。

羽生名人のように、真摯な生き方の中で、日々、意識的に直感力を磨いていきましょう。

第7章

日本が立ち直るための3つのヒント

1．ビジネス生活習慣病とは？

日本が21世紀の世界でオンリーワンで特別な存在として輝こうとするとき、現状の何が妨げとなるのか？　それは、今までの成功体験がもたらした〝生活習慣病〟とでも言うべきものです。最後に、そのビジネス生活習慣病を整理してみましょう。

①上も下も「指示待ち病」

ご存じの通り、20世紀後半、我が日本は、勤勉さと真面目さ、チームワークを武器として、驚異的な発展を遂げ、世界一の工業国となりました。

さて、今の日本をリードしているシニアの人たちは、右肩上がりの高度成長期に生を享《う》け、工業社会の教育を十二分に受けてきた人たちです。この人たちは、与えられた課題に真剣に取り組み、知恵を出し合い、市場拡大と能率アップに一生懸命取り組んでここまで来ました。

どの企業でも「同じ仕事なら、いかに能率よく速くこなすか」を競い、「同じ時間なら、いかに手際よくたくさん処理出来るか」が評価されました。

大量生産・大量消費をリードしてきた「『有能なマニュアルワーカーたち』が、今、日本をダメにしている」と、ピーター・ドラッカーは指摘しています。

日本のビジネスマンたちは、学校時代から、先生の指導通り宿題をこなし、○×式練習ドリルに明け暮れ、良い成績で学校を出て、良い会社に入った人たちなのです。

指示を受けて、決められた通りに正確にこなし、能率と効率を追求することが、企業の成功モデルだった時代、マニュアルワーカーはビジネスマンの成功モデルでした。

決められた通り、早く、正確に仕事が出来る人たちなのですが、スイッチボタンを押さないと動きません。そして予期せぬことが起こると、困ってしまい、動けないのです。指示があれば、過去事例やサンプルがあれば、見事に早くやり遂げるのですが、自分で考えて勝手にやる習慣がない。やり方の微調整や、方法の工夫改善は出来るけれど、根本的改革を考える必要がない。想定外のことが起こってしまうと（昨今は、これが本当に多いのですが）フリーズしてしまう。

そして、これからの日本を担う若い人たちは、彼らの教育指導を受けて育った部下たち、子供たちです。

「スイッチを入れないと、動かない最近の新人たち」

「ボタンを押さないと動けない若者たち」

「最近の若者はまともに挨拶も出来ない」

などと、管理職が集まると愚痴と嘆き、ボヤキが尽きません。

なんとも、自分たちそっくりなのですが。

子供は親を見て、部下は、上司を見て育つ、ということです。

②上から下まで「戦略不在病」

日本の会社は、戦略不在だとよく言われます。なぜ戦略を持たずに、ここまで来られたのでしょうか？

欧米には、戦略的リーダーシップを発揮するトップがたくさんいます。たとえばジャック・ウェルチのように、大企業病で死にかけていたGEを、強烈なリーダーシップで奇跡的に立て直し、ナンバーワンを狙ってくるのですが、実施部隊の粘り強さでは日本に敵《かな》うところはないのです。

日本の会社はこれまで、戦略不在であっても、現場が耐えに耐え、ぎりぎりのラインで利益を出してしまう。赤字であろうが、儲かりそうになかろうが、一度決めると、腰を据えて驚異的な粘りで黒字にまで持っていく愚直なところが、日本の現場力。日本の強みであり特徴だったのです。

コツコツとした動きで追いついて、太刀打ち出来ないほどの現場のノウハウを蓄積してここまできました。

「なんだ、こいつらの底力は！」と思わせたのです。

今、その強みを持ってなんとか凌《しの》いできたツケが来ているのでしょうか。

戦略や、グランドデザインを持たずして、現場の対話、粘り、工夫を積み重ねるだけでは、この変化のスピードに大きく立ち遅れてしまいます。

「戦略なんて、経営陣の仕事だから、関係ない！」と思っているとしたら、大変なことになってしまいますよ。あらゆるビジネスは、顧客がないと成り立たない。そして現場にこそ、客先のナマの声があるのです。顧客の声を会社のこととして取り入れないと、変化に鈍感で、滅びてしまった氷河期の恐竜のようになってしまいます。

つまり、変化のスピードがとてつもなく速い最近では、顧客接点である〝現場〟こそが戦略的発想を持たなくては、成り立たなくなってきているのです。

戦略的発想とは、実はシンプルなものです。

①自分の（自社の）ビジネスの、強みは何か？　顧客はなぜ自社を選んでくれているのか？　を考える。

②そのビジネスで、今後、強みになっていくのは何か？　広く大きく目を外へ向け、業界の動きや、グローバルな技術の変化を大きく感じ取り、今後のトレンドをつかむ。

③どのようなやり方・方法で、顧客の期待に応えるか？　自社ならではの、サービスやコストダウンの方法は、競争相手を十分超えているか？　これからも、それで良いのか？　を常に感じる。

「戦略とは、何をする、何をやめるといった、スクラップ&ビルドに尽きる」とは、競争の激しい家電量販業界の雄、「ヤマダ電機」の山田会長の言です。

今までの成功の方程式＝ひたすら粘り強く我慢し、効率を図り、奇跡のようにジワジワと業績を上げていくことも大事ですが、ときにはバッサリ撤退、真逆の方向転換、切る、捨てるも辞さない。

現場の一人ひとりの戦略的な発想と情報収集で、方向性を決め、共有し、また現場の力に結び付けていく。そこで初めて日本の強みが輝くのです。

③身内だけの「なれ合い病」

以心伝心、阿吽《あうん》の呼吸、言わずもがな、腹芸、出る杭は打たれる……など、日本人の〝同質性〟をアピールする言葉はたくさんあります。

しかし、本当に日本人が同質で均一な民族かと言えば、そうとも言えません。特に、最近の日本人は多様です。

とりわけ都会集中が高く、つまり村社会ではなくなった高度な情報社会で文化的にも発達した現代社会では、同質、均一であるわけがありません。

もし同質社会であると言うならば、小さな身内社会の中に限ってのお話。

〝世間様〟とは、狭い社会の中でのルールや空気を言っていることが多いのです。今までの会社社会がそうだったように、その集団の空気を気にします。

最近では、若い世代で一層その傾向が倍加しているようです。空気が読めないことを何より嫌い、その場の雰囲気に合わせることに、気をつかいすぎて、自由闊達《かったつ》さを損ねているようにも感じます。

実際には多様でバラエティある国なのです。たとえば、年齢によって、男性・女性という性差で、地域で、会社で、職場や職種で、最近では外国人ワーカーも増え、実に多様です。

「同じ日本人だから、何も言わなくても、以心伝心でわかりあえるはず」と言い、衝突することを避けて、温和で穏やかな小社会を築いてきたわけですが、それが行きすぎれば、立派な生活習慣病なのです。

「うちは、みんな仲が良くて雰囲気が良い。だからその雰囲気を壊さないように……」と、言いたいことが言えなくなってしまうこともあります。チームワークは、異なる多様な人々が志をともにし、将来に向けて協力するから成果を上げられるのです。衝突も葛藤も、今後は必要です。

グローバルな、つまり、多様な文化が出会うことが日常的になってきて、意見は〝異見〟であることが普通。そうなると、今まで考えもしなかった視点が開け、新しいものが生まれます。これを称して、〝創造性〟と言います。衝突を避けることより、ぶつかって乗り越えることがポイントなのです。

志に向かって、いろいろな価値観の人たちが本音でぶつかり、納得いくまで話し合って、腹の底から理解出来てこそ、絆は深まるもの。

同質社会では得られない〝創造性〟やシナジー効果を生み出すために、既にある多様性を活かす。異文化、多文化を、脅威ではなく、創造性やそれを強みとして活かすことは、グローバル日本人となるための課題です。

今、私たちに必要なのは、長年の間に冒された生活習慣病に向き合うこと。治す勇気と自信です。それとグローバルセンス！

では、日本が今後に活かせる強みは何でしょうか？ 世界をリードした、製造業ジャパンの現場から振り返ってみましょう。

2. 現場力の検証と復活

①職人魂と絆

私は、ＯＤ（組織開発）コンサルタントとして二十数年、延べ２５００社以上、あらゆる業界の企業の管理職教育に携わってきました。その中で、工場の現場リーダーの研修は、きわめて印象深い経験となっています。

なぜ私にとって、その経験が印象深かったのか、それは私がサービス業出身で、なおかつ海外勤務が多く、日本の製造業の現場と全く無縁だったこともあるでしょう。でも、理由はそればかりではありません。そこで私が最も胸を打たれたのは、彼らの鮮烈な〝一所懸命さ〟だったのです。

たとえば製造業の生命線、金型の切り分けでは、精密機械も敵わない超微妙な切り分けが指先ひとつで出来る。彼らは、0・001ミリの世界に命を懸けているのです。あるいは自分の子供に接する以上の愛情をこめて、機械を丹念に磨きあげる。普通の人間には聞こえない機械の溜息やつぶやきを聞き取って、いち早く調整する。機械も生きているそうです。工場のどこを見ても、塵《ちり》ひとつない、しんとした清潔な空間。それは掃き清められ、磨き込まれ、澄み切った剣道の道場のようでした。

整理・整頓・清潔・清掃・躾《しつけ》の『5S』が、自分の〝生き方〟になっている現場の人々。この工程の月間リードタイムを0・01秒縮めるために、命を削る気迫。それは間違いなく、オリンピック金メダル級です。

「リーダーは常に力強い存在でなければ……と思ってきたので、部下の心理を考えるリーダーなんて、なんとなく軟弱のように思ってしまうが、それで良いのか?」

「上司・先輩を尊敬し、背中を見て育った自分たちには、自分の部下をコーチングするのはなかなか難しいが、サービス業では、それは出来ているのか？」

リーダー研修の中では、こういった製造業の変わり目の時代にふさわしい、鋭い質問が続出。なんとか新しい時代のマネジメントを自分のものにしたい、少しでも働きやすい職場をつくりたいという真剣さが伝わってきました。

私が来るのを待ち構えて熱心に質問してくる人、研修後に相談にきてくれる人、理想の管理職を目指す大勢のリーダーたち……。職場のメンバーのこと、その家族を思っている人たちの真剣さに、思わず涙が出そうになったことが何度もありました。

そうした中でも、ほのぼのとした質問をしてくる〝人間関係重視派〟の管理職もいました。

「部下の恋愛のことで力になってやりたいんですが」

「なかなか昇格出来ない同僚をなんとか陰からサポートしたい」

「仕事一筋できたので家内と共通の趣味がない。山歩きくらいから始めようかと思っているんだけど」

こうした質問に答えるとき、多分私の顔もほころんでいたのではないかと思います。

そのとき、工場の現場はとても厳しいけれど、温かいことを知りました。そこには、職場のみんなが、集中して仕事に打ち込むために、「お互いにどうサポートしたらよいか?」を、一所懸命考える、家族のような、いや、家族以上の絆がありました。

②道を究めるプロ魂

そして、現場には『道を究める』という、武道や茶道、芸術家に似た清々しい自負心と、仲間意識に満ちた誇り高き人たちがたくさんいました。

たとえば、国鉄分割民営化直後の「JR」での研修。全国の駅長さんたちの討議チームは、終了が全10チーム揃って、1秒も狂わず、オンタイム。そして、発表は、見事にどれもレベルの高い内容だったこと。

「冗談みたいだ!」と目を見張るとともに、世界に冠たる日本の鉄道マンの心意気にミラクルを感じたものです。

あるいは、ある超一流ホテルの客室係の女性。終日お客様との電話を通して、さまざまなリクエストを受けています。彼女はお客様とちょっと会話しただけで、その人の「背格好・年代・職業・好み・今どんな服装で電話しているか?」をピタリと当てると言うのです。実際に客室にグラスやハンガーを持っていった担当者に後で確認すると「予想が外れたことは、まずないです」と。イメージしたお客様の気持ちに添って、リクエストにピタリと応えていくのです。まさにミラクル。名人芸。

同じホテルの最上階レストランのウェイターは、制服に着替えた途端、全身が〝センサー〟に変わっていくのがわかるとか。彼の高感度センサーは、レストラン内のすべての空気を読み取ります。

ワインを口に含み、大きく頷いたお客様、隣では連れの女性にメニューをいろいろ説明しているお客様。奥の席で、お魚のソースに、ちょっと首をかしげたお客様、ピアノ演奏にうっとりしているお客様、おなか一杯、大満足でそろそろ出ようかといったお客様……すべて感じ取り、最高のおもてなしを演出するプロフェッショナル。

どのケースにも、『道を究める』スピリットが根っこにあります。

テクノロジーが変わり、ガソリンで走る自動車が電気自動車へ変貌し、コンピュータがクラウド化していく時代となりました。デジタル技術は、地球のどこで作っても同じ品質を可能にしていくかもしれません。

しかし、「根付いたスピリットは、ときを超えて脈々と生きている」はずなのです。

スピリットは簡単にはコピー出来ないはずなのです。

これから先、日本の内に秘めた芸術的に高い美意識〝ソフト力〟で、数多くの難題を解決する。そして〝チーム力〟で、素晴らしい成果を出す。

日本の力は、アナログの現場力の中にこそある、と思っています。

③中間管理職というクッション

日本の企業の現場は、最近とみにフラット化が進んでいます。課長制度の廃止、小グループに権限委譲し、リーダーは横からサポートする……というスタイルが増えてきています。名刺にも、課長ではなく〇〇リーダーといった肩書の人が増えました。

上からの指示待ちをなくし、現場の一人ひとりの自主性をうながすのは大事なことですが、一方で、〝現場力〟の中心となってきた『中間管理職』の存在感が薄くなってきているようで、少し気になります。

私は、日本企業の現場の強みのひとつは、中間管理職というまとめ役の存在にあったと思っています。

サラリーマンが『上司』と言えば、それは中間管理職のことでした。中間管理職たちは、企業の人材育成の担い手そのものでした。入社後、最初にどんな上司に出逢うかが、その人のビジネスマン人生を決めるくらいの大きな影響力を発揮する、日本企業の独特の存在だったのです。

部下を導き、育てる、親父のような、または兄貴のような役。その背中を見て部下は育ってきました。教科書やマニュアルには載らない、アナログでの真摯な姿を見せて育ててきたのです。

これからの中間管理職には、それらに加えて、会社の理念や全体の方向性・戦略をしっかりと理解し、それらを自分の部署に置き換え、部下たちにわかる言葉に嚙み砕き、伝える、〝語り部〟的な役目が大事になってきます。

語り部とは、昔から語り伝えられる昔話、民話、神話、歴史などを現代に語り継いでいる人のことで、企業では、たとえばその会社の培ってきた歴史や過去のヒーローたちの言動、今、課題となっていること、方向性や戦略などを、文字通り、語り伝えるパイプ役。

人間の身体で言えば、脳の指令を手足に伝える神経系統であり、ときには脳と一緒に考え、手足と一緒に動く存在。

サッカーでは、ミッドフィルダーがその役割を担っています。

献身的に動いて、前方攻撃部隊と、後方守備部隊をパスでつなぎ、チャンスを創る。状況を見て自らも果敢に攻撃する。日本人が得意なポジションです。

イングランド・プレミアリーグの強豪マンチェスター・ユナイテッドに移籍したMF香川真司の緒戦を見て、地元の新聞デイリー・パラグラフは、こう評しています。

「速やかに同僚に視線を送り、決して消えず、ボールに絡み続け、クレバーなパスを送る。危機的状況でも、パスを正確に処理し、前を向いて創造性を発揮出来る彼は、献身的に動いて、攻めのつなぎ目となった。彼は、そうやってチームのサッカーを自分の色に染めていくであろう……」

浦和レッズから、ドイツのブンデスリーガに活躍の場を求めたMF長谷部誠は、地味で真面目な決して目立つタイプではなく、俺が俺がと、強く自己主張をするタイプでもありません。が、自分の内なる弱さ（本人の言）と生真面目に向き合い、ひたすら練習に励み、ミッドフィルダーの役目に邁進します。

メンバーからの、監督からのメッセージの行間を読み、静かに落ち着いて、言うべきことを言います。そしてここぞという場面では、全力でパスを送り、チャンスと見れば自らシュートもする。控えめですが、みんなから篤《あつ》い信頼を得て、ワールドカップ日本代表のキャプテン役をしっかり務めているのはご存じの通り。

そうしたミッドフィルダーが機能しなくなれば、企業は、たちまち立ち行かなくなりそうです。

最近では部下を「叱れない」「褒められない」と悩む管理職が目につきます。

「部下に辞められたらどうしよう……」

「叱ったらパワハラで訴えられるかも？」

「服装を褒めたつもりなのに、セクハラと言われてしまった」

などと腰がどんどん引けていくようです。人間ですから「嫌われたくない」という気持ちも強いでしょう。

高度成長期の先輩管理職たちに、「それは管理職としての〝覚悟〟に欠けているんじゃないか？」と言われても、戸惑いは深まるばかり。ミッドフィルダーが、腰が引けて動けなければ、そのサッカーチームは、もう迷走するしかありませんね。

これは、覚悟や腹の決め方の問題だけではなさそうです。

時代が変わったのです。そして、管理職に期待される役割が変わりました。今までの上司は、課長は、こうだった……は通用しません。

つまり、今までそうであった親父役や兄貴役だけでなく、いろいろな視点や大局観を持って時代を認識し、会社の方向性を部下たちにも理解させる。チームのビジョンを示して、それを熱く語り、メンバーを巻き込んでいく。さらに、自分もバリバリの第一線のプレーヤー。プレイングマネジャーである——といった、21世紀に適合した基本設定をしていかなければ、せっかくのミッドフィルダー『中間管理職』という貴重な存在を活かせません。

これからの中間管理職は、自分より年長の部下をたくさん抱えていたり、女性の上司が年長の男性部下を率いていくことなどは当たり前。

年功序列スタイルも崩れました。今までの常識が通じなくなって当たり前。

そこでは、新しい思考法やアクションを日々部下に語り率先垂範する、中間管理職の元気な復活が求められます。これも私たち日本人にとって立ち直りの策のひとつだと思います。

!! 3. "日本"をもう一度取り戻す

①今だからこそ、『頑張る力』

日本人の強みのひとつは、驚異的な頑張りの中にあると言われてきました。

頑張るは、一説に『眼を張る』から来ていると言われます。

目標に向かって、目を見開き、ひたと先を見据え、一筋に前進する。

それはまるで、道を究める精神のようです。

上手くいかなくても、「また、次、頑張ります!」という言葉を聞くとき、自分の足らなさを自覚し、何をすればよいかを考えて、眼を見開き、また、一筋に頑張っていく姿に、清々しさを感じます。

無理難題が次々と押し付けられるビジネスの場でも、「頑張ります!」は強みです。

頑張れ! と、あえてエールを送らなくても、日本人は本能的に頑張るのです。

たとえばトヨタの製造現場における"すり合わせ"の技術などは、とても欧米のメーカーが真似出来るものではないとのこと。

トヨタと複数の部品メーカーが集まって、気が遠くなるぐらい何度も微妙な違いを出して、組み立てては実験検証する。それをいやというほど、何度も繰り返したあげくにつくり上げた技術は、誰も真似しようという気にならなかったのです。

世界でも突出した地位を占めてきた日本の製造業は、このような現場の驚異的な頑張りに支えられてきました。

度重なる円高も、バブル崩壊後の世界不況も、リーマンショックも、頑張って凌いできました。震災の影響で、節電を迫られている日本企業ですが「15パーセントの節電ぐらい日本企業は工夫して楽々クリアしてしまうだろう」と言われるゆえんです。

ものすごく一般化して言うと、これは欧米的特徴とも言える〝狩猟民族〟と日本人を代表に見た〝農耕民族〟の違いなのかもしれません。

農耕というビジネスは、狩猟ビジネスと違って、天候によって収穫が左右される。だから、農耕民族の出来ることは、来る日も来る日も頑張って粘り強く、コツコツ働いて、天の恵みを待つ……というやり方でしょうか。

短期的に結果が出ようと出まいと、地道に愚直に、努力し続けるというのが私たちの美徳です。

再度、『頑張る力』という、我々の強みを認識しておきたいものです。

②『出自への誇り』がなければ世界で働けない

21世紀に生きる私たちは、すべてが国境を越えるグローバル化現象という、なんとも面白い時代に、タイミング良く居合わせたものだと思います。

人間の一生はわずか80年ばかり。私たちはその人生において、『人類の、第3の革命＝情報革命』が本格化したタイミングに、絶妙にぶつかったのです。

コンピュータが、インターネットが、ナノテクが、遺伝子工学が、世の中を根底的に変えました。

あらゆるものが、地殻変動の如く根こそぎ変わっていく『グローバル時代』。歴史の証人のように、時代の変わり目を体験出来ることは、なんともラッキーですよね。

さて、激動の20世紀後半から21世紀。

鉄のカーテンも、ベルリンの壁も、竹のカーテンも、情報の渦だけはさえぎれませんでした。なすすべもなく崩れていく壁を目の当たりに出来たのも、我々の特権、我々の驚きであったと言えるでしょう。

世界中から境目がなくなり、リアルタイムで物事が進む。日進月歩、秒進秒歩の技術革新は、製造技術をデジタル化し、世界中、どこで作っても変わらない製品を生み出しました。そして〝市場〟〝顧客〟〝生活者〟つまり、私たちは、その恩恵を当たり前のように享受しています。

この現代こそが、グローバル社会なのです。

世界は、ビジネス上ではまったく〝境界線《ボーダー》〟を持たなくなりました。ボーダーレス社会です。

地球儀を睨《にら》んで、最もコストの安い国・地域で製造し、そこから、最も高く売れる国・街・マーケットで売る。地球規模で、優秀な人材（研究開発者、ＩＴ技術者、デザイナー、マーケティング、セールスマン、財務マン等など、各分野で）を採用し、世界中の最も活躍出来る場所で活躍させる。

本社は、機能別にどの国に置くか。

製品開発は日本で、デザインはイタリアで、資金調達はシンガポール、製造組み立ては中国、マーケティングはアメリカ……などと得意分野で分ければよい。

だからこそ、グローバルに生きる場面では、地球規模でありながら、出自・アイデンティティ（正体）が、強く問われます。

そういった場面で出逢う外国人がそうであるように、自国の歴史や文化をよく理解し、強い誇りを持ち、同朋を好きであることがとても大事。まず、日本人としてリスペクトされなければ、対等にビジネスも出来ない。モチロン、世界の中で日本人ならではの存在感を発揮したり、影響を与えることなど出来るわけがない。

「お前は一体、何者だ？　しっかりと話してみよ！」

ということです。

出自への誇り、日本人であることに誇りを持つことは、日本発・世界で活躍するビジネスマンに求められる第一条件と言ってもいいくらい、とても大事な要件です。そして、成功している人々には間違いなく、日本人であることの自覚と誇りが見られます。みなさん、ふるさと日本が大好きなのです。

③日本人の美質、再確認

時代が変わり、出来るビジネスマンのタイプが変わった。

本書は、日本人の美質を活かし、日本人にしか出来ない仕事をして、世界に貢献する……というテーマを中心に書き進めてきました。
日本人の美質として挙げたものを、もう一度挙げておきたいと思います。

匠の技と魂

・職人のように勤勉で努力家である
・不屈の精神を持っている
・職業人としての意志の強さを持っている
・なすべきことを黙々と実行する
・根気強く愚直である
・妥協しない真摯な態度を持つ
・秩序・規律を保つ

人を大事にし、和を以て貴しとなす

・驚くほど謙虚である
・和と絆を大事にする

・みなでやり遂げることに意味を見出し、チームワークを大事にする
・個人は目立たない、控えめで飾らない
・逆境になればなるほど、団結し協力して乗り越える
・個人は静かな勇気と名誉を重んじる
・人を活かし、人の成長を自分のことのように喜ぶ
・社会的な使命を持つことに意義を感じる

これからなすべきこと

・いろいろな高度のアンテナを持って、グランドデザインやビジョン、方向性を共有し、そこに結び付いた現場力を発揮していくこと
・日本人として、日本の企業人として、自分の出自に自覚と誇りを持つこと
・多文化、多様な異なる人々を活かすチームスピリット
・楽観性を磨くこと
・ぶれない自分軸を持つこと

グローバル化の波は、世界を変えました。新しいテクノロジーは、人々の生活をガラリと変えました。

21世紀、限りなく人類は発展し続けています。

しかし一歩間違うと、谷底にまっさかさまに墜落していく危険性と背中合わせの厳しい社会でもあります。

先進国と発展途上国の溝は深まるばかり。利害衝突の連続です。

そんな時代だからこそ、世界は日本人を求めているのです。

本書でご紹介したグローバル日本人たちのノウハウを、ぜひ、学んでいただきたいと思います。学ぶことは真似をすることと言いますから、まず、真似てみることから最初の一歩を始めていただいてもいいでしょう。

どんどん取り込んで、日々活用してください。

コラム●「日本的美質をもう一度考えたくなったら読みたい本」

『万葉集』 大伴家持編纂
天皇から防人まで、位に関係なく編纂されたもの

『美しい日本の私』 川端康成
サイデンステッカー氏の英訳も併せて。ノーベル文学賞受賞記念講演

『風土―人間学的考察―』 和辻哲郎
モンスーン気候の風土と日本の特徴について

『日本人の誇り』 藤原正彦
「国家の品格」の数学者・藤原先生渾身の、日本人に送るエール

『陰翳礼讃』 谷崎潤一郎
日本がこれほど美しい「光と、それが織りなす陰翳」の国だったとは……

『日本文化を英語で紹介する事典』 杉浦洋一＋John Gillespie
とにかく事例が豊富なお役立ち本　和英対比です

あとがきにかえて

スティーブン・ラインスミス博士と初めてお会いしたのは、1995年、アメリカの人材開発団体ASTDの総会会場でした。政府の異文化対応顧問も務めた博士の「グローバルマインドセットとグローバルマネジメント能力開発」の講座に、大いに刺激を受けてから15年と少し経ちました。

その間、クライアント企業で、伝道師のようにグローバルマインドの啓発に取り組みながら、だんだんと日本人には、「日本版のグローバルマインドの開発が必要なのでは？」と考えるようになりました。

世界に稀有な、日本人の素晴らしさを最大限活かしつつ、どのように『グローバル化』するか。日本企業の経営者や管理職の方々に、教えられ、助けられ、一緒に考え、試行錯誤の10年間を経てまとまってきたのが本書です。

組織開発コンサルタントという仕事を天職と感じ、これからも日本の企業と企業人のお役に立ちたいと考える私の、大げさに言えば、〝使命〟と感じながら、この本を書きました。

書いているさなか、2012年の秋、南アフリカやジンバブエを訪問する機会がありました。距離もご縁も、日本から最も遠い国です。日本の情報は、ほとんど入ってこず、駐在員も少ない。日本人の観光客も、ビクトリアの滝などの観光地以外では、まず見かけません。

南アフリカでもジンバブエでも、驚かされたことは、その若い力。現地の小学校を訪れると、多くの子供たちが、公用語の英語で授業を受けています。農業も組織的に行われるようになってきています。自然資源に恵まれ、若い力に満ちた大陸で、今後の世界をリードするパワーを確かに予感しました。

そんなアフリカでの日本のイメージは、超・最先端テクノロジーでした。産業用ロボット、スーパー・コンピュータ「京」、はやぶさ、iPS細胞、アニメ、温泉旅館の情緒やサービスなどなど、クールジャパンを知る人が意外に多いことに驚かされました。

いずれも、〝極める〟という、日本の匠の技であり、驚異の目で見られていました。日本から、日本人から、もっともっと学びたい……と目を輝かす若者もいました。日本が世界の役に立てるところを、日本から最も遠い国で知らされた思いがしたものです。

21世紀の日本はナンバーワンの大国ではないけれど、その奇跡のような匠の技と謙虚で勤勉な美質で、世界で稀有な存在感を持って輝き続けることを、心から信じ願っています。

最後になりましたが、本書がみなさんの目に留まるまでに、大変お世話になった方がたに、本当に心から感謝しております。深くお礼を申し上げます。

本書に出版の機会を与えてくださり、労をいとわず根気強くお付き合いいただいた幻冬舎の藤原将子さん、川﨑なつ美さん、ありがとうございました。

また、「編集工房鯛夢」の谷村和典さんには、最初から最後まで励まされ、いろいろなアドバイスをいただき、氏のサポートのお蔭で何とか最後まで書き切ることが出来ました。ありがとうございました。

そして、日本に誇りを持ち、自分の仕事をこよなく愛する、たくさんの企業人のみなさんに教わったことが本書の骨子です。
日本のビジネスマンのみなさま、本当に、ありがとうございました。

ケイ・グローバルコンサルタント　代表取締役社長　藤田　薫

装幀　石川直美（カメガイデザインオフィス）
ＤＴＰ　美創
編集協力　谷村和典

〈著者プロフィール〉
藤田薫（ふじた・かおる）
OD* コンサルタント（*Organization Development　企業の変革に伴う全社活動）
同志社大学英文科卒業後、日本航空に入社。海外支店（欧州/米州/アジア）のサービス現場で8年間異文化マネジメントの実体験を積む。その後カリフォルニア大学バークレイ校（UC Berkeley）にて組織心理学で学士（BA）、経営学修士（MBA）修得後、ニューヨークにて語学ビジネスの米国現地法人総責任者として、立ち上げから黒字化まで担当する。1988年より大手コンサルタント会社において、13年間延べ2500社以上の企業の組織開発・人材育成を担当し実績を挙げる。2001年、ケイ・グローバルコンサルタント株式会社を設立し、代表取締役として企業のトップセミナーやグローバルリーダーの育成に携わり現在に至る。訳著に『マネジャーのためのグローバリゼーション・ガイド』（春秋社）がある。

日本企業・底力
2500社を救ったNo.1 ODコンサル19の切り札
2013年3月20日　第1刷発行

著　者　藤田 薫
発行人　見城 徹
編集人　福島広司

GENTOSHA

発行所　株式会社 幻冬舎
〒151-0051　東京都渋谷区千駄ヶ谷4-9-7
電話　03(5411)6211(編集)
03(5411)6222(営業)
振替00120-8-767643
印刷・製本所：株式会社 光邦

検印廃止

ISBN978-4-344-02360-4　C0095
幻冬舎ホームページアドレス　http://www.gentosha.co.jp/

この本に関するご意見・ご感想をメールでお寄せいただく場合は、
comment@gentosha.co.jpまで。